책 여행자

히말라야 도서관에서 유럽 헌책방까지

이 책은 한국출판문화산업진흥원의 출판지원사업 선정작입니다.

책 여행자
히말라야 도서관에서 유럽 헌책방까지

처음 펴낸 날 | 2013년 12월 24일
두 번째 펴낸 날 | 2015년 1월 20일

지은이 | 김미라

기획, 책임편집 | 박지웅

펴낸이 | 홍현숙
주간, 조인숙, 편집부장 | 박지웅, 편집 | 무하유, 마케팅 | 한광영
펴낸곳 | 도서출판 호미
출판등록 1997년 6월 13일(제1-1454호)
서울시 마포구 동교로 41길 32, 1층
편집 02-332-5084, 영업 02-322-1845, 팩스 02-322-1846
homipub@hanmail.net

디자인 | (주)끄레 어소시에이츠
출력 | 문형사, 인쇄 | 대정인쇄, 제본 | 성문제책

ISBN 978-89-97322-14-5 03810
값 | 16,000원

이 도서의 국립중앙도서관 출판시도서목록(CIP)은
서지정보유통지원시스템 홈페이지(http://seoji.nl.go.kr)와
국가자료공동목록시스템(http://www.nl.go.kr/kolisnet)에서 이용하실 수 있습니다.
(CIP제어번호 CIP 2013028509)

ⓒ김미라, 2013

(호미) 생명을 섬깁니다. 마음밭을 일굽니다.

책 여행자

히말라야 도서관에서 유럽 헌책방까지

김미라 지음

호미

차례

책을 펴내며 _ 히말라야 도서관에서 시작된 긴 책방 여행 8

1 불멸의 책, 기억은 영원하다

거짓말의 진실성 20

책은 인간의 것이 아니다 24

유령에게 사로잡힌 책 26

금서를 읽은 자의 표시 29

금서의 심판자, 책을 금지시킬 수 없다 32

히틀러도 애서가였다 38

불 같은 속도감 41

차마 태울 수 없었던 책 44

혁명이 시작되는 침묵 46

책이 불타는 곳에서는 결국 인간도 태워지고 만다 50

영원히 책을 소유하는 법 56

끝없는 다시 읽기 59

2 감각을 깨우는 책 읽기

책을 읽을 때 커피가 생각나는 이유 66

애서가의 식생활 71

여행자의 책 74

바라보는 책 읽기 77

음악을 만드는 책 읽기 81

책 냄새의 기억 86

야한 책 효과 89

영혼의 치유책 93

연애하는 뮤즈들 97

3 헌책방 풍경

수집가들의 피티시 102

순결한 책과 헌책, 초판과 절판, 유일본 107

미로 같은 서가 113

쌓여 있는 헌책들, 무질서에서의 질서 116

비밀의 책, M서 119

서점 밖 떨이 상자 123

홀로 서 있는 사람들 126

헌책방에 있지만 보이지 않는 책 도둑 129

햇살 드는 창가 133

나지막한 나무 사다리 136

  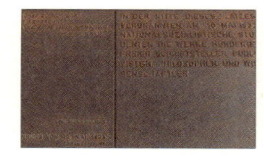

4 이야기가 있는 서점

휴머니즘의 성지, 문학의 박물관 _ 셰익스피어 앤드 컴퍼니 142

사라져 버린 기억의 이야기 _ 포일즈 154

편지에만 남은 서점 _ 차링 크로스 84번지 160

희비극이 교차하는 서점 극장 _ 북숍 시어터 168

파리의 영어 서점들 _ 갈리냐니 외 174

폐허에서 새록새록 자라는 문화 공간 _ 와핑 프로젝트 180

달콤한 천국의 한 조각 _ 프림로즈 힐 186

환상 같은 현실의 고서점 _ 쥬솜므 192

센 강변의 헌책 노점상들 _ 아나톨 프랑스 거리 200

주말 장터에서 발견한 여성 작가 _ 노팅힐 주말 장터 206

자본주의식 기억 창고 _ 스트랜드 214

사회를 위한 독서 공간 _ 하우징 웍스 220

치유를 위한 심리학 서점 _ 립시 226

음지를 밝힌 고급 예술 서점 _ 부헤르보겐 236

책 상자 네 개에서 시작한 프랑스 최대의 서점 _ 질베르 죈느 240

이상한 나라의 앨리스 _ 마슈판 244

아메리칸 드림 오즈의 마법사 _ 쿡스 오브 원더 250

누군가 추천해 준 책 _ 루텐스 인드 루빈스타인 256

글 쓰는 작가들의 훌륭한 아지트 _ 문학의 집 260

펭귄 문고와 레클람 문고 _ 두스만 264

책을 펴내며

히말라야 도서관에서
시작된
긴 책방 여행

나는 누군가를 좀 더 알고 싶을 때 종종 그 사람이 기억하는 생애 첫 장면이 어떤 것인지 물어본다. 물론, 그 첫 기억들이란 대부분 뒤죽박죽이거나 말도 안 되긴 하지만, 그 느닷없는 장면이야말로 사람이 처음 태어나는 순간이 아닐까? 하얀 분만실 침대 위에서 준비된 자세로가 아니라 어느 예기치 못한 순간에 대뜸 그렇게. 나의 맨 처음 기억은 책장을 넘기는 소리에서 시작된다. 어딘지 모르지만, 책이 가득한 방이었고 나는 조그만 손으로 책의 귀퉁이를 누른 채로 그 장면을 바라보고 있었다. 방 안은 숲으로 우거져 있었고, 희미한 책들 사이로 셀 수 없이 많은 사슴이 뛰어다녔다. 세 살의 어느 날, 차르르 종이 책이 넘어가는 소리, 사슴들의 푸드득 소리와 함께 나의 세상이 시작되었다.

한 책에서 다른 책으로 옮겨 가는 동안 어느덧 나는 키가 쑥쑥 자라나 글씨도 읽을 수 있게 되었다. 여느 아이들에 비해 홀로 지내는 시간이 많았지만, 그렇다고 지루한 적은 없었다. 책 속에는 말하는 벌레들이 있었고, 백조로 변하는 공주들도 있었다. 책의 세계는 무한했고, 이야기는 늘 있었다. 사람의 이야기나 코끼리의 이야기도 있지만, 심지어 코끼리 머리를 한 신의 이야기도 가능한 곳이 책의 세계였다. 내가 가네샤 신의 기구한 사연을 알게 된 것도 「코끼리 머리를 한 가네샤」라는 동화책에서였다. 어느 날 가네샤는 성격이 급한 아버지 시바 신의 노여움을 산 나머지 목이 잘려 버리고 말았다. 그러자 화가 난 어머니 파르바티 여신이 아들을 당장 다시 살려 놓으라고 했고, 시바는 자신의 성급함을 뉘우치며 맨 먼저 지나가는 사람의 목을 베어 가네샤에게 달아 주기로 약속했다. 그런데 공교롭게도 시바 신 앞에 가장 먼저 나타난 것은 사람이 아닌 코끼리였다. 하지만 시바 신은 약속을 지켰고 그리하여 가네샤는 코끼리 머리를 달게 되었다는 이야기다. 동화책 속의 가네샤는 양반다리를 하고 점잖게 앉아 있었는데, 지나치게 거추장스러워 보이는 긴 코에 비해 눈빛만은 영락없는 인간이기에 더 기묘해 보였다. 물론, 그 장면을 바라보고 있을 때만 해도 내가 얼마 뒤 부모님의 손에 이끌려 정말로 가네샤의 나라로 가게 될 줄은 상상도 하지 못했다.

어느 날, 난데없이 난생처음으로 비행기를 타고 한국을 떠난 나는 태국과 홍콩을 거쳐 책에서만 보던 인도에 떨어졌다. 가네샤의 나라, 그곳에서는 거리의 신전에도, 담벼락에도, 릭샤 운전사의 백미러에도 코를 늘어뜨리고 화려하게 치장한 가네샤의 그림이 있었다. 물론 더는 동화가 아니었지만, 내 바로 옆에서 거대한 낙타가 유유히 걸어가거나 공작새가 사뿐히 날아와 깃털을 떨어뜨리고 푸르릉 날아갈 때면, 아무리 두 눈을 비비어 보아도 분명 그곳은 그 어떤 곳보다도 동화 같았다. 내가 그 동화 속 나라에는 어울리지 않는 이방인이라는 한 가지 사실을 빼면 말이다. 그 나라에서 내 말은 통하지 않았다. 나는 아무것도 읽을 수 없었고, 어떤 말도 해독할 수 없었다. 누가 말을 걸 때면, '사람 혀가 저렇게도 움직일 수 있구나' 하는 생각에 그저 넋을 잃고 입 모양만 바라볼 뿐이었다. 어쩔 수 없이 나는 낯선 장면에 적응하기 위해 갓 태어난 어린아이처럼 처음부터 말을 다시 배워야 했다.

몇 해가 지나 겨우 글과 말의 의미를 깨우쳤지만, 그것도 잠시, 나는 또다시 그보다 더 동화 같은 곳으로 떠나게 되었다. 이번에는 히말라야 산이었다. 웬만해서는 찾아가기조차 힘든 곳, 아니 웬만해서는 찾아갈 일이 없는 그곳을 혼자서 찾아가야 했다. 오래 전에 영국인 선교사들이 지은 기숙사 학교로 전학을 떠나던 날, 나는 새벽에 부모님께 인사를 하고 기차에 몸을 실었다. 히말라야라는 거대한 이름에 걸맞게 학교로 가는 길은 그 길부터가 험난했다. 나를 실은 기차는 끝없이 펼쳐지는 광야를 몇 시간이나 달리며 셀 수 없이 많은 양 떼와 염소 떼를 지나쳤다. 창밖의 메마른 사막이 북쪽으로 향하며 점차 푸릇한 숲으로 변하다가 우거진 침엽수로 채워질 때까지 한참이 지난 뒤에야 나는 북인도의 작은 마을에 내렸다. 하지만 그것은 그 다음 여정의 시작일 뿐이었다. 또다시 짐 가방과 함께 털털거리는 자동차로 갈아타고 곡예하듯 절벽 길을 오르는 산행이 시작되었다. 하늘 위로 올려다보던 구름이 아래로 내려다볼 수 있게 될 때까지 자동차는 멈출 줄 몰랐고, 낮아지는 기압 탓에 귀가 먹먹해졌고, 과자 봉지들은 풍선처럼 부풀어 올랐다. 영원할 것만 같던 여정 끝에 도착한 곳은 산 중턱에 자리 잡은 국제학교였다. 백오십 년도 넘는 역사를 가진 이 기숙사 학교는 소설 '소공녀'의 배경이 된 학교라고 했다. (공교롭게도 내 영어 이름도 '소공녀'의 주인공 여자아이와 같은 사라였다.) 물론, 그곳에 도착했을 때 나를 맞이한 사람은 욕심 많은 원장이 아니라 커다란 나비 안경을 쓴 미국인 기숙사 사감 선생님이었고, 아버지를 잃은 소공녀가 쫓겨나 살았다는 다락방에는 거미줄로 장식한 낡은 가구들이 쌓여 있을 뿐이었지만, 고풍스러운 회색 벽돌의 건물이나 반쯤 열린 창문으로 몰래 들어오는 야생 원숭이만큼은 소설과 크게 다르지 않았다. 차이가 있다면 한 마리가 아니라 떼거지로 지붕 위를 뛰어다니며 아침잠을 깨웠다는 것 정도라고나 할까.

그날 이후로 나는 아찔한 절벽을 뛰어다니는 뺨이 발그레한 산 아이가 되었다. 등교라기보다는 차라리 등산이었다. 절벽 위에 서서 발아래 흐르는 구름과 무지개를 내려다보았고, 누구도 오른 적 없는 언덕을 오르고, 쏟아진 적 없는 소나기 속을 뛰어다니고, 이름 없는 새들이 푸드득 도망가도록 고함을 질렀다. 하지만 히말라야의 시간은 구름처럼 빠르게 지나갔다. 잎사귀의 색깔이 변했음을 미처 깨닫기도 전에, 저 멀리 펼쳐진 설산으로부터 쌀쌀한 바람이 불어왔다. 바람 소리는 갈수록 매서워져 갔고 달력의 숫자가 높아지면서 밖으로 뛰어다니는 날도 차츰 줄어들게 되었다. 하는 수 없이 며칠을 난롯가 옆에 앉아 고양이와 함께 늘어지게 하품을 할 수밖에 없었다.

그날도 여느 때처럼 학교 도서관에 앉아 창밖에 떨어지는 빗소리에 귀를 기울이고 있었다. 고작 모험이라고 해 봤자 서가 사이를 어슬렁거리거나 이끼가 피어나는 학교 건물 뒤를 기웃거리거나 하는 일 따위였지만, 그날은 이전과는 완전히 다른 새로운 발견을 하게 된 날이기에 분명히 기억에 남아 있다. 나는 도서관 안에서 기이한 유화 그림을 보고 있었다. 십자가에 매달린 예수 그리스도의 그림이었는데, 어쩐 일인지 왼쪽에서 보아도 오른쪽에서 보아도 게슴츠레 뜬 눈동자가 나를 따라다녔다. 그 누구도 피할 수 없는 눈을 한 채로 그리스도는 계단으로 이어지는 통로를 지키고 있었다. 아마도 그 비밀은 계단 저 끄트머리에 있는 작은 문 안에 감춰져 있을 거라는 생각이 들었다. 나는 가만히 주위를 살펴본 뒤, 그 계단 아래로 살금살금 내려갔다. 그러고는 분명 오랫동안 아무도 찾지 않았을 오래된 나무문을 밀었다. 앞으로 몸을 기울이자 끼익 하는 소음과 함께 문틈 사이로 어슴푸레한 빛이 새어 나왔다.

어느 산악인의 말에 따르면, 히말라야를 본 사람은 평생 히말라야를 그리워하게 된다고 한다. 하지만 내게는, 히말라야보다도, 잠시 뒤 그 문 뒤로 나타난 방이 그런 곳이 되었다. 문이 열리자 눈앞에 드러난 장면은 백 년도 더 된 과거부터 책을 쌓아 놓은 밀실이었다. 세계대전이 일어나기 전에 쓰인 역사책들과 낯선 이름의 시인들의 시집, 유럽 흑마술이나 집시에 관한 책들이 더는 갈 곳을 찾지 못해 그곳까지 밀려나 있었다. 나는 입을 다물 수가 없었다. 드넓은 바다를 건너 이 높은 히말라야까지 오게 된 이 책들은 대체 어떤 기억을 담고 있을까. 아마도 그 기억은 내가 만난 그 누구보다 오래되었을 테지만 아무도 찾지 않는 동안 시간 속에서 잊혀 갈 뿐이었다. 그도 그럴 것이, 대체 어떤 학생들이 낡은 가죽 장정에 곰팡내를 풍기는 지난 세기의 책을 꺼내 볼 일이 있단 말인가. 하지만 나는 그 순간 마치 히말라야를 만나듯 거대한 기억들과 맞닿았고, 책을 펼칠 때마다 내 안에 깊이 잠들어 있던 기억들까지도 기지개를 펴며 깨어나기 시작했다. 그날부터 아무도 몰래 그곳을 찾아가 책 먼지를 털고 낯선 문장들을 깨우는 날들이 시작되었다. 마치 은닉처의 도둑고양이처럼 그 작은 도서관에 들어박혀 해가 저물 때까지 그 안에 가만히 웅크려 앉아 있곤 했다.

창밖의 세상은 몹시 추웠던 걸로 기억한다. 비바람이 몰아치기도 하고, 흰 눈이 떨어질 때도 있었지만, 그 도서관만큼은 언제나 아늑했다. 꿈결 같은 문장들의 푸근함은 따뜻한 난로처럼 집이나 고향 같은 단어를 떠올리게도 했다. 뒷날 그곳을 떠나 서울 생활을 할 때, 아무도 반기지 않는 텅 빈 집으로 향하는 대신 가로등 아래에서 배회했던 것은 어쩌면 그 느낌이 그리워서였는지도 모른다. 그러고 보면, 나는 도시 생활에 완전히 적응한 적이 없다. 사람들 빽빽한 지하철에 몸을 구겨 넣고, 눈이 빨개질 때까지 모니터를 바라보는 직장 생활을 되풀이하면서 겉으로는 웬만큼 사회에 적응한 척했지만, 모두가 잠든 밤이면 지하 도서관으로 이끄는 작은 문 같은 탈출의 시간이 필요했다. 그나마 달 밝은 밤이면 찾아오던 올빼미의 방문도 뜸해지자 그 생각은 더욱 절실해졌다. 비록 내 작은 방이 히말라야의 지하 도서관이 될 수는 없었지만, 나는 부지런히 돌아다니며 오래된 책들을 구해 작은 방을 채워 나갔다. 대부분 도시에서 통용되는 '현실'이라는 말과는 어울리지 않는, 이룰 수 없는 사랑의 노래나 중세시대의 신비주의자들, 바벨의 도서관을 탐험하는 이야기들이었다.

책장에 책이 늘어날수록 그럭저럭 안도감이 찾아왔다. 삼청동 산꼭대기 내 작은 방 안에 숨어 있는 한, 창밖에 부는 세찬 바람도 나를 위협할 수는 없을 것만 같았다. 도시의 모든 것이 시간에 휩쓸려 날아가고 있는 동안, 나는 그것과는 무관하게 책에 둘러싸인 채로 잠을 자고 또 꿈을 꾸며 안전하고 아늑한 느낌 속으로 파고들곤 했다. 하지만 언제부터였을까. 점차 엄습하는 새로운 예감을 떨쳐 버릴 수 없었다. 언젠가 저 바람과 함께 나 또한 어디론가 멀리 떠날 것 같다는 그 예감은 막연하게 시작되어 막무가내로 커졌다. 이유도 알 수가 없었다. 내 작은 안락함을 확대하고 싶어서 그랬던 것일까, 아니면 깨고 나오고 싶었던 것일까. 아는 것은 떠날 시간이 다가오고 있다는 것뿐이었다.

목적지도 확실하지 않았다. 하지만 "말을 준비하라, 나는 떠난다. 떠나는 것만이 중요할 뿐이다!"라던 카프카의 외침을 되뇌며 가방을 꾸렸다. 보도 블럭 위로 노란 낙엽이 한두 장씩 떨어질 때쯤이었다. 나는 다니던 회사를 정리하고 비행기 표를 끊었다. 운동화 끈을 매고 집을 나서는 내 손에는 지도가 들려 있었는데, 어쩐지 그 위에 적힌 골목들의 이름이 낯설지가 않다고 생각했다. 때는 히말라야를 떠나온 뒤 일곱 번째 가을, 나는 내 첫 기억부터 다시 더듬어 가기 위해, 책 속의 장면을 향해 발길을 내딛었다.

2013년 가을, 어느 하늘 아래에서 김미라

1 불멸의 책, 기억은 영원하다

"오래된 책은 이 세상이 젊었을 때의 이야기이다.
새로운 책들은 나이 든 세계의 열매들이다."

올리버 웬델 홈스

책벌레, 좀, 쥐, 곤충들, 곰팡이 그리고 화재, 허리케인, 홍수, 지진, 지진해일, 몬순과 같은 수많은 책의 적들을 생각해 보면, 오히려 수십, 수백 년씩 생명을 이어 온 책들이 기적같이 여겨진다. 이에 대해 누군가는 사람들이 책이라는 물건을 소중하게 대해 온 덕분이라고 여길지 모르겠지만, 사실 책과 인간과의 역사를 볼 때, 그 어떤 것도 인간만큼이나 책에게 적대적이지는 않았다.

한때 세계 최대의 도서관이었지만 흔적도 없이 사라져 버린 알렉산드리아 도서관을 위시해, 중세 시대에 스페인에서 가랍인 도서관 및 유대인 도서관이 파괴된 사건과 유럽 종교재판으로 인한 분서 사건, 나치를 따르던 대학생들이 책을 불태운 사건들, 그리고 최근에 미국 보수 기독교인들이 어린이들의 영혼을 병들게 한다는 이유로 「해리 포터」를 불태운 해프닝에 이르기까지, 인간이 책을 파괴하는 일은 언제나 있어 왔다.

그러니 과거를 되짚어 보더라도 자연히 사라져 간 책보다도 사람들의 손에 파괴된 책이 더 많다는 통계는 꼭 충격적이지만은 않다. 그렇다면 어떤 책은 어떻게 해서 수백 년의 시간을 견디고 살아남았을까? 오히려 내게 신기한 것은 아직까지도 살아남은 책들이다. 사실, 책의 처지에서 보면, 문자가 생긴 이러 5,000년의 역사에서 상황이 좋았던 적은 한 번도 없었다. 문맹률을 보아도 그렇다. 디킨스가 「데이비드 코퍼필드」(1850년)를 내놓았을 때 영국의 문맹률은 70퍼센트, 「보바리 부인」(1857년) 초판이 나왔을 때 프랑스의 문맹률도 60퍼센트, 심지어 도스토예프스키가 「죄와 벌」(1866년)을 썼을 때, 러시아의 문맹률은 90퍼센트가 넘었다. 책을 읽을 수 있는 독자 수가 지금과 비교할 바가 못 되었다. 그런 악조건에서도 누군가는 위대한 작품을 써 내려갔고, 또 누군가는 그것을 읽고 보존해 왔다.

수많은 책이 자연과 인간에 의해 사라져 갔지만, 그중에서 0.1퍼센트만이라도 살아남으면, 그것만으로도 새로운 개혁과 재생이 가능했다. 어렵사리 지켜 낸 종자씨처럼 살아남은 0.1퍼센트의 고대 그리스 책이 있었기에 오늘날 현대 정신은 여기까지 도달할 수가 있었다.

쉴 새 없었던 인류의 전쟁과 마찬가지로 책들의 전쟁 또한 끊이지 않았다. 기억하려는 의지와 망각하려는 충동 사이에서 수많은 책이 나타났다 사라졌고, 그 충동이 충돌하면서 마치 파편처럼 책들은 계속해서 터져 나왔다.

그렇게 죽음이 삶을, 야만이 문명을, 무의미가 의미를 끊임없이 잠식해 가는 동안 사람들은 점차 희망을 잃게 되었다. 책은 곧 사라지고 말 것이라는 비관적인 말도 언제나 또다시 나돌았다. 하지만 여전히 살아남은 옛 유산들이 말해 주는 것이 있다. 그래도 지금까지 이어 올 수 있었던 것은 파괴의 힘보다도 절멸을

이기려는 갈망이 조금이나마 더 간절했다는 사실이다.

인간은 책을 남겼다. 그리고 책은 우리에게 희망을 남겨 주었다. 비록 영원한 인간은 없었지만, 영원을 꿈꾸는 인간은 완전히 사라진 적이 없다. 나는 서가 사이를 거닐 때마다 이 사실을 잊지 않으려고 한다.

"책에는 본능이 있다. 책의 본능은 번져 나가는 것이다. 한번 밖으로 나가면 끊임없이 자기를 확대하고 자기를 증진시키고, 독자라는 존재들을 감염시킨다. 한마디로, 번져 나가려고 하는 것이 책의 본능이다." — 미셸 투르니에

거짓말의
진실성

이 세상에 완전한 환상도 완전한 현실도 없다는 것은 문학을 통해서 알 수 있듯이, 거짓말에서 진실을 진실에서 거짓말을 발견하는 능력 또한 문학적 상상력에서 온다. 문제는 문자를 문자 그대로 받아들이는 상상력 없는 읽기가 일으키는 오해에서 빚어진다. 책을 절대적인 진리로 대하는 단순한 사람들의 오해로 인해 오랫동안 책들도 사람들도 애매한 수난을 겪어야 했다.

사실, 문학의 허구를 받아들이지 못하는 사람일수록 그만큼이나 자신이 허구 속에 살고 있음을 드러내고 있는 셈이다. 그리고 허구에 익숙한 사람들일수록 자신의 허구가 침해당하는 것을 두려워한다. 만일, 그 두려움이 해소되지 못하면 집단적으로 희생양을 찾는 폭력으로 치닫기도 한다. 그래서 괜히 광적으로 책을 불에 태우거나 아니면 그것도 모자라 책을 쓴 사람까지도 불에 던져 넣는 비극적인 일이 일어나게 되는 것이다.

안타깝게도 이러한 일들은 비단 중세시대의 종교전쟁이나 마녀사냥 시절이 아니라 오늘날에도 여전히 일어나고 있다. 아직까지도 누군가는 금기를 깨는 책을 썼다는 이유로 사형선고를 받는다. 그 책이 허구를 다룬 소설이라고 한들 예외가 되지 않는다. 살만 루시디(Sir Ahmed Salman Rushdie)를 둘러싼 사건이 아마 그런 예가 될 것이다. 사건의 시작은 1988년, 인도 출신의 영국 작가 살만 루시디가 「악마의 시」라는 제목의 소설을 발표하면서부터였다. 소설에서, 두 사람의 인도인 살라딘 참자, 지브릴 파리쉬타가 타고 있던 비행기가 테러리스트의 공격으로 추락하게 되는데, 추락하는 과정에서 그 둘은 이상한 일을 겪는다. 그 뒤, 지브릴은 자신을 천사 가브리엘이라고 믿는 환각에 빠지고, 살라딘은 육체적 변이를 겪으며 악마처럼 변한다.

그러나 아무리 소설이라고 해도 이슬람들에게는, 신성모독은 신성모독이었다. 감히 「코란」을 쓴 무함마드를 풍자하고 「코란」을 악마의 계시로 빗대다니! 또 창녀에게 예언자의 아내 이름을 붙이고 이슬람의 성지 메카를 무지, 암흑을 뜻하는 '자힐리아'로 묘사하다니! 과연 살만 루시디는 사형을 당해 마땅했다. 하지만 사실 루시디는 애초부터 이 소설에서 그러한 효과를 노렸다. 가상의 설정과 환상적인 문체를 사용함으로써, 무너지지 않는 이슬람의 극단적인 사상을 자극하려고 했던 것이다. 그러나 그가 미처 몰랐던 것은, 그 뒤로 자신이 죽을 위험에 처하게 되고, 수많은 사람이 목숨을 잃게 되며, 외교 분쟁이 일어나리라는 사실이었다. 세상은 그가 생각했던 것 이상으로 농담에 과민하게 반응했다.

소설 한 권 때문에 살만 루시디는 1989년 2월 14일자로 신성 모독 죄로 사형선고를 받았다. 이란의 지도자 아야톨라 호메이니는 전 세계 무슬림들을 향해 루시디의 목에 300만 달러라는 현상금을 내걸었고, 그때부터 루시디의 기나긴 도피가 시작되었다.

그뿐만이 아니었다. 그 저주는 다른 사람들에게까지 퍼져 나가, 이 책을 일본어로 번역한 히토시 이가라시는 괴한에 의해 잔인하게 살해당하고, 이탈리아어 번역자인 에토레 카프리올로는 중상을 입고 겨우 목숨을 건졌는가 하면, 노르웨이 출판업자 윌리엄 니가르드도 죽음의 위기를 겨우 넘겼다. 터키에서는 급진적인 무슬림들이 터키어 번역자인 아지즈 네신을 살해하려고 호텔에 불을 질렀는데, 이 화재로 애꿎은 민간인 37명이 사망하고 말았다.

결국, 이 문제는 영국과 이란의 외교 관계에까지 영향을 미치게 된다. 그 뒤 2007년 6월 영국 여왕 엘리자베스 2세가 살만 루시디에게 기사 작위를 수여하는 날, 런던에서는 두 대의 자동차에서 폭탄이 발견되기도 했다. 이 문제를 완화시키기 위한 여러 언론들의 노력에도 불구하고, 이슬람의 분노는 걷잡을 수 없이 세계 곳곳으로 퍼져 나갔다. 「악마의 시」가 1988년 영국에서 출간되자 인도 의회의 이슬람 야당 의원들은 영국의 이슬람 단체와 접촉하며 반대 운동을 조장했다. 언론에 악의적인 기사를 내거나 관세법을 적용하여 책이 수입되는 것도 막았다. 그런가 하면, 미국에서는 책이 출간되기 전부터, 출판사 바이킹 펭귄은 쏟아지는 폭파 위협과 수천 통의 협박 편지에 시달려야 했다. 대형 서점들은 대부분 책 판매를 포기했지만, 이를 무시했던 캘리포니아 버클리에 있는 서점 두 곳은 폭탄 공격을 받았다. 남아프리카공화

국에서는 책이 출판되기도 전에 미리 금지되었다. 대부분의 이슬람 국가들이 일찌감치 이 책을 금지했음은 말할 것도 없다.

하지만 이러한 일들이 오히려 이 책에 대한 호기심을 더욱 부추기는 결과를 낳았다. 이 모든 사태를 비웃기라도 하는 듯, '악마의 책'은 베스트셀러로 등극했다. 그리하여 1989년 말까지 하드커버 영역본만 해도 110만 부 이상이 팔려 나가는 경이로운 기록을 세우게 된다. 이 상황을 두고 모로코 작가 나디아 타지는 이런 말을 했다. "책은 죽일 수 없다. 책은 탄생과 죽음을 스스로 결정한다. 일단 '병이 깨지면' 생명의 숨결이 전 세계로 퍼져 나간다. 목소리가 도망쳐 혁난한 길을 간다. 그리고 정신은 늘 부딪치고 변형되고 축제를 벌인다."

결국, 이 비극의 시작을 거슬러 올라가 보면, 그렇게 과격하게 테러를 행한 이슬람 원리주의자들이 이 책을 제대로 읽어 본 일이 없다는 사실이 문제였다. 그렇게 공격을 퍼붓기 전에 한 번이라도 이 책을 읽어 보았다면, 그렇게까지 과민 반응을 보일 필요가 없음을 알았을 터이다. 아마도 「악마의 시」를 읽어 본 수많은 사람은 알았을 것이다. 사실 이 소설에는 그다지 위협적인 것이 없음을. 하지만 그럼에도 이 소설이 과도한 반응을 일으키고 만 이유는, 루시디의 변명과는 달리, 이 소설 안에는 완전히 허구만은 아닌, 어떤 진실도 숨어 있어서가 아닐까.

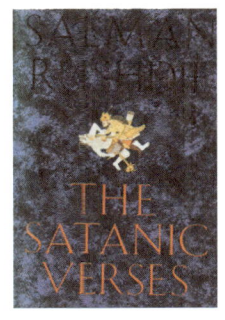

「악마의 시」는 코란의 내용이 사실은 알라가 아니라 악마의 말이었다는 전설에서 착안한 소설로, 표현의 자유를 중시하는 유럽과 종교적 신념이 강한 이슬람 간에 갈등을 일으켰다. 이 책으로 인해, EC 각국과 이란은 자국 대사를 소환하고 영국은 이란과 단교했다.

책은
인간의
것이
아니다

책이 인간의 것이 아니라는 사실은 그 어떤 인간보다도 오래 살아남은 책을 보면 알 수가 있다. 만일 인간도 여타 동물과 마찬가지로 생존이나 사회 유지를 위한 수단으로만 언어를 사용했다면, 시를 쓰거나 책을 만드는 일도 없었을 것이다. 하지만 어떤 이유에서인지 무언가에 사로잡히기라도 한 듯 강렬한 말을 쏟아 내는 사람들이 나타났고, 또 그것을 기록한 책이 보존되어 왔다. 수없이 많은 책이 쓰이고 또 사라지는 동안 유독 시간을 버티는 책들이 있었는데, 그것은 아마도 사람들의 마음속 깊은 곳까지 침투해 들어가 결코 잊을 수 없는 흔적을 남겼기 때문일 것이다. 어떻게 그것이 가능했을까. 만일 인간이 썼다면 이런 질문에도 답을 찾을 수 있었겠지만, 책의 내용이 읽는 사람이나 (심지어는) 쓴 사람에게조차 다 이해되지 못한다는 점에서 고전은 그 누구의 것이라고 하기 어렵다.

고전의 신비로움은 처음 읽을 때에도 마치 이전에 읽은 듯 낯익다는 데에 있다. 내가 태어나기 훨씬 전부터 있었던 문장들이 나의 마음을 꿰뚫으며 곧장 다가올 때면, 이미 나를 알고 있었던 게 아닌가 하는 두려움마저 든다. 그 신비는 여기에서 그치지 않는다. 같은 책을 몇 번이고 다시 읽을 때마다 이전까지는 보이지 않던 새로움이 발견된다. 그럴 때면 그 글이 살아 있는 게 아닐까 하는 생각을 하게 되며, 나아가서는 내가 나를 초월하는 것처럼 여겨지기도 한다. 아마도 영감이라는 표현이 그래서 사용되는 게 아닐까 싶다.

만일, 이러한 고전의 신비를 몰랐더라면 인간은 죽음을 당연하게 받아들였을지 모른다. 하지만 우리는 오랜 기록들이 몇 세대를 걸쳐 끝없이 되살아나는 것을 보았고, 그것을 통해 수천 년 전의 과거와 먼 미래를 넘나들며 상상을 펼쳐 낼 수 있었다. 이런 초월의 경험이 아니었다면 영원한 생명에 대한 애타는 갈망도 없었을 것이며, 죽어서도 다시 태어날 수 있다는 윤회설도 나오지 않았을 것이다.

하지만 그 어떤 것보다도 내가 나를 초월하는 것만큼 신비로운 일이 있을까? 나는 책을 통해 모래사막을 외롭게 헤매는 선지자가 될 수도 있고, 탐욕스럽고 잔인한 왕이 될 수도 있으며, 거부할 수 없는 매혹으로 뭇 남자들을 절망에 빠뜨리는 팜므 파탈이 될 수도 있다. 어디 그뿐인가. 땅굴 속으로 기어가는 개미 한 다리가 되거나 이편에서 저편으로 내리치는 천둥과 번개가 될 수도 있다. 인간은 그 누구도 자기 자신으로부터 벗어날 수 없지만, 그 조건으로부터도 자유로워질 수 있다는 점에서 책은 인간을 인간 이상으로 만들어 준다. 그러니 그 누가 책이 인간의 것이라고 할 수 있겠는가.

유령에게 사로잡힌 책

고대 그리스의 시인들은 그 누구도 자기 스스로를 천재라고 생각하지 않았다. 시를 쓰는 것도 자기에게 시의 신이 들어와서 글을 쓰게 하는 것이라고 믿었다. 그러니 더는 글을 쓰지 못한다고 하더라도 다만 신이 떠나서 그럴 뿐이니 그것을 가지고 스스로의 재능을 의심하거나 자책할 일도 없었다. 그러한 자세로 단테, 셰익스피어, 밀턴을 비롯한 과거의 시인들은 글을 쓰기에 앞서 늘 뮤즈에게 기도를 올렸다.

이 신비한 뮤즈는 예기치 못한 순간 갑자기 등장하여 우리의 입을 다물게 만든다. 제아무리 합리적인 사람이라 할지라도 책을 경험해 본 사람이라면 그 마력에 대해 알고 있을 것이다. 책이 끊임없이 쓰이고 퍼져 나가는 것을 막을 사람은 없다. 그리고 어떤 책이 사람들을 꼼짝없이 사로잡고 마는 것도 마찬가지다. 이것은 어디까지나 유령들의 일이기 때문이다. 이를테면, "공산주의라는 유령이 유럽을 배회하고 있다"는 문장으로 시작되는 마르크스(Karl Heinrich Marx)의 「공산당 선언」도 그렇다. 그는 이 책 때문에 반역 혐의로 기소되고, 파리로 추방을 당했으며, 독일로 피신

했다가 결국 런던으로 망명을 떠나는 고난을 겪어야 했지만, 사실 세계 곳곳에 혁명과 투쟁의 불씨를 지핀 것은 그가 아닌 유령이 아니었던가.

우리나라도 이 유령을 피할 수는 없었다. 그의 저서가 우리나라에 건너왔을 당시, 독재 정권은 곧바로 「공산당 선언」과 「자본론」에 금서라는 낙인을 찍었다. 게다가 마르크스라는 이름이 어찌나 강렬했던지 이름이 비슷하다는 이유로 막스 베버(Maximilian Carl Emil Weber)의 저서에까지도 덩달아 수입 금지 처분을 내리기까지 했다. 사실 막스는 마르크스의 강력한 비판자였는데도 말이다. 심지어 한 교수는 논문에서 「공산당 선언」의 몇 구절을 인용했다는 이유로 구속 기소되기도 했다.

「공산당 선언」은 지금까지의 모든 역사는 계급투쟁의 역사라고 주장한다. "공산주의라는 유령이 유럽을 배회하고 있다"로 시작해 "프롤레타리아가 잃을 것은 속박의 사슬밖에 없다. 그들은 세계를 얻을 것이다. 만국의 노동자여 단결하라"로 끝을 맺는다. 이 책은 사회주의뿐만이 아니라 자본주의에도 큰 영향을 미쳤다.

유령에 대해 누구보다도 적대적인 가톨릭 교황은 일찌감치 「공산당 선언」을 교황청의 금서 목록에 올려놓았다. 이 책에 담긴 사상이 무신론적이고 반 기독교적이며 무정부적인데다가 폭력적이라는 것이 그 이유였다. 심지어 미국에 있는 어떤 대학은 도서관에서 마르크스의 책을 빌린 학생들의 명단을 뽑아 대주교에게 올렸다고 한다. 1950년 뉴욕 타임즈가 조사한 바에 다르면, 당시 열여섯 나라에서 공산주의를 법적으로 금지하고 있었다. 이 책은 아직까지도 우리나라를 포함해 미국 지식인들 사이에서 19, 20세기에 나타난 가장 해로운 책 1위로 꼽히고 있다. 물론, 이러한 파장은 마르크스 자신도 상상하지 못했을 것이다.

책이 작가의 손을 떠나는 순간 더는 그 누구의 것도 아니다. 괴테는 「젊은 베르테르의 슬픔」을 쓰면서 자살 충동을 이겨 낼 수 있었지만 그 소설로 인해 수많은 젊은이들이 잇달아 목숨을 끊은 것처럼. 그리고 자신의 저서가 히틀러의 국가사회주의에서 스탈린주의에 이르기까지 폭력적인 이데올로기를 정당화하는 데에 쓰일 줄은 꿈에도 몰랐던 헤겔처럼 말이다. 책이 한번 세상에 나오고 나면 앞으로 어디로 흐르고 또 어떤 영향을 불러일으킬지는 그 누구도 예상할 수가 없다.

그러니 책을 소유한다는 것은, 어쩌면 한낱 환상이 아닐까? 유령들은 자기가 원할 때 찾아와서는 또다시 예고 없이 사라진다. 그러니 누군가가 책을 파괴하려고 해도, 어느 순간 그 유령은 그 손을 벗어나 있게 마련이다.

금서를
읽은 자의
표지

나는 그가 왜 다른 사람들과 달리 번뜩이는 눈을 가지고 있을까 생각했다. 우리는 전혀 공통점이 없을 것 같은데도 이상하게 대화가 잘 통했다. 어느 날, 한참이나 시간을 잊고 대화를 하다가 그가 들려준 이야기에서 나는 그의 눈빛이 그런 이유를 알아차렸다. 그는 어린 시절, 우연히 무척 고급스럽고 탐스러운 빨간 표지의 책을 손에 넣게 되었다. 한창 러시아가 공산주의를 퍼뜨리기 위해 애를 쓰던 당시, 마르크스의 벵갈어 번역본이 그의 작은 마을에까지 흘러왔던 것이다. 금지된 책들은 그렇다. 한번 읽으면 영영 사람을 바꿔 놓고 만다.

세상이 한번 뒤집혀 버린 사람에게는, 마치 카인의 이마에 찍힌 표지처럼, 눈에 띄는 무언가가 영원히 새겨져 버린다. 그리고 그 눈빛은 군중 속에 쉽사리 묻힐 수 없는 탓에 어쩔 수 없이 다른 사람들에게는 경계의 대상이 되고 만다. 평범해야 안전하다는 규범에 더 이상 순응하지 못하는 이유 또한 위험한 책을 읽고 만 탓이다. 이상하게도 책에는 그 어떤 것에도 아랑곳하지 않게 만들어 버리는 위력이 있다. 불에 태워도 사라지지 않고, 그 책을 읽은 사람을 고문하거나 심지어는 목숨을 빼앗아 간다고 할지라도 끝날 줄 모르는 이상한 힘이 있다.

사람이 변하게 되는 이유는 대부분 자신이 굳게 믿고 있던 세계가 거짓이었음을 깨달았을 때의 충격에서 비롯된다. 사람들이 두려워하는 것은 이러한 충격과 그 충격에서 시작된 혁명 정신을 담은 책이다. 이런 책들은 우리가 그동안 문자 안에 갇혀 있었음을 깨닫게 해 준다. 그리고 이것을 절실하게 깨달은 사람만이 비로소 움직이기 시작한다. 그래서 행동은 문자가 아니라 문자로부터 해방된 사람들의 것이었다.

그 친구가 말했다. 지금은 그 누구도 상상하지 못하겠지만, 사실 나는 어렸을 때 무척 조용한 아이였어. 교실 한구석에 있는지 없는지도 모를, 말없이 가만히 앉아 있는 그런 아이 말이야. 그의 말이 낯설지 않았다. 나 또한 한때 그랬으니깐. 어둑한 지하 도서관에서 책을 읽게 된 날 이전까지는 말이다. 하지만 먼지 덮인 니체의 책을 꺼내 든 순간, 내 안의 무언가가 변하기 시작했다. 사회가 그토록 애써 은폐하려던 사실을 마주하면서 안전했던 나의 환상이 파괴되었다. 하지만 그것은 끝이 아니라 단지 새로운 시작일 뿐이었다. 니체는 내게 "환상의 파괴가 곧바로 진리의 창조로 이어지지는 않으며, 그 뒤에는 무지와 진공과 황야가 있을 뿐이다"라는 말만 남기고 사라졌다. 또다시 나는 혼자였고, 환상의 잔재들만 남은 폐허에서 새로운 세상을 만들어 나가야 하는 긴 여정이 시작되었다. 아마 금서를 읽은 사람에게 나타나는, 언제나 무언가를 찾아 헤매는 듯한 눈빛은 그 의무감 때문이 아닐까.

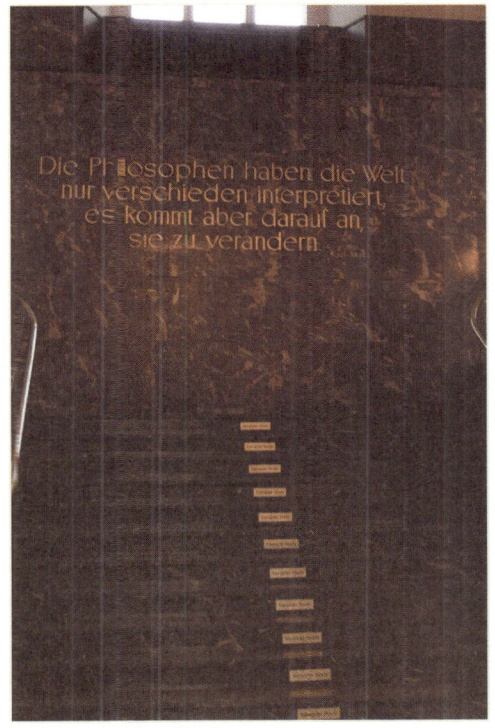

"철학자들은 세계를 다양한 방식으로 해석해 왔지만, 그보다 중요한 것은 개혁이다." 훔볼트대학 본관에 들어서자마자 눈에 들어오는 마르크스의 명언이다. 니체도 말했듯이, 세상에서 중요한 것은, 꽃에 물을 주며 관찰하듯 세상을 해석하는 학자들이 아니라, 망치를 들고서 우리의 정신을 얽매고 있는 낡은 이념들을 깨어 부수는 사람들이었다.

금서의 심판자, 책을 금지시킬 수 없다

몇 해 전, 고대와 중세의 신비주의 신학자들이나 철학자들의 책을 한창 흥미롭게 읽다가 충격에 빠진 일이 있었다. 그 이유는 이들의 환상적인 상상력이 놀라워서가 아니라, 이들이 당시 이단자로 처형당했거나 이들의 저서를 읽는 것만으로 화형감이었다는 사실 때문이었다. 만일 내가 그 시절에 태어났더라면, 아마도 나는 화형 1순위였을 것이다.

그때에 견주면, 지금 우리가 누리고 있는 자유란 차라리 기적에 가깝다. 오늘날이야 누가 책을 읽거나 쓴다고 해서 목숨이 날아갈 위협에 처하는 일이 극히 드문 덕분에 이 특권을 실감하기란 쉽지 않지만, 사실 이런 자유는 기나긴 책의 역사에서 볼 때에 지극히 짧은 순간에 불과하다.

인간으로 태어났다면 한 번쯤 이런저런 틀에서 벗어난 생각들을 해 보기 마련인데, 도대체 어떤 이유로 어떤 사람들은 사형을 받아야 했으며 또 어떤 책들은 금서로 낙인이 찍혀야 했던 것일까? 그리고 또 이것이 옳고 저것이 그르다며 금서의 기준을 정한 건

도대체 누구였을까? 어찌되었든, 그 기준에 대한 신빙성은 없다. 왜냐하면, 한때 금서로 낙인찍힌 책들이 이제는 더는 위험한 것으로 취급되지 않으며 위협적이기는커녕 인류 역사를 발전시킨 사상으로 높이 기림을 받기까지 하는 것을 보니 말이다.

서양 문명에서 본격적으로 검열이 시작된 때는, 기독교 초창기 시절에 다른 종교나 사상을 이단이라고 제지하면서부터였다. 그리고 모든 제재가 그렇듯, 책에 대한 제재 또한 권력과 손을 맞잡고 있다. 그 명목은 사회의 질서를 위한 것이지만, 그 밑바탕에는 권력으로 사람들의 생각을 지배할 수 있다는 전제가 깔려 있다. 정치권력은 종교적이었으며, 종교 권력 또한 정치적이었으므로 이 둘의 상관관계는 오래전부터 긴밀하게 (그리고 은밀하게) 유지되어 왔다. 역사에서 종교의 막강한 힘은 정치의 힘에서 온 것이기도 했다. 이런 권력을 가지고 책이 귀하던 5세기부터 카톨릭 교황은 '금서 목록'을 발표했던 것이다.

하지만 금서의 역사에서 흥미로운 인물인 마르틴 루터Martin Luther(1483-1546)가 등장했다. 루터는 교회가 성서를 읽을 수 있는 자격을 교황이나 성직자로 제한하고 일반인들에게는 공개하지 않는 것을 비난했다. 교회가 신앙을 정치적으로 이용할 수 있었던 것은, 일반인들이 성경을 보지 못하도록 했기에 가능한 일이었다.

마르틴 루터는 어떻게 해서든 사람들이 성서를 읽을 수 있도록 보급하고, 더욱 많은 책이 쓰이게 하려고 노력했다. 비록 당시 글을 읽을 수 있는 사람들이 불과 5퍼센트밖에 되지 않고, 신약성경의 독일어 번역본이 소 한 마리 값이나 되는 어려운 상황 속에서도 그는 쓰고 또 썼다. 그리하여 1517년 루터가 95개 논제를 내걸고 등장하기 전까지만 해도 독일어 서적 간행 수가 고작 40종에 불과하던 것이, 1523년에는 갑자기 498종으로 늘어났다. 그중에서 418종은 루터와 그의 적대자들이 쓴 책이었다.

중세 이후 종교는 그전까지의 절대 권력을 차츰 잃어 갔지만, 그 대신 정치가 종교적인 힘을 얻게 되었다. 정치권력을 손에 쥔 자들은 그들 정권의 신성화를 도모했고, 왕의 신성한 권력에 대항하는 자는 죽임을 당했다. 하지만 풍자 앞에서 신격화라는 환상은 제대로 유지될 수가 없었다.

세상에는 장 자크 루소Jean-Jacques Rousseau처럼 고급한 계몽주의 철학 서적을 통해 혁명의 불꽃을 지핀 사람이 있는 반면, 귀족들을 주인공으로 한 삼류 통속소설이나 야한 소설을 쓰는 사람들도 있었다. 당시 시민 사이에서는 이런 책을 몰래 구해서 보는 일이 크게 유행했다. 이런 통속소설의 거침없는 풍자야말로 지배계층에 대한 신화를 무너뜨림으로써 프랑스 시민혁명을 일으키는 데에 혁혁한 공을 세웠다는 견해도 있다.

금서 조치가 전혀 이성적이지 않음을 보여 주는 또 다른 증거는 금서가 되어서는 안 될 책들이 금지되거나, 정당한 이유 없이 금서로 낙인찍히는 일이 비일비재했다는 점이다. 이를테면, 전혀 성적인 내용이 나오지 않는데도 매춘, 불륜, 미혼모의 이야기를 다룬다는 이유로 금서가 되었던 토머스 하디Thomas Hardy의 「미천한 사람 주드」나 너대니얼 호손Nathaniel Hawthorne의 「주홍글씨」 같은 책들이 있다. 사실 그 어떤 시대에도 매춘, 불륜, 미혼모의 스캔들이 일어나지 않았던 적은 없지만, 사회가 이를 무조건 금기시해, 으레 일어나고 있는 일이건만 표면으로 드러내는 것을 광적으로 기피하던 시절이 있었다.

물론 위의 책들은 오늘날에는 걸작으로 꼽혀 적극적으로 권해지고 있다. 이처럼 성에 대한 사회적 기준이 변하면서 금지가 풀리는 예들은 얼마든지 있다. 한때는 음란물로 지탄받았으나 얼마 지나지 않아 버젓이 고등학교 교재나 대학 필독서로 오르게 된, 제임스 조이스James Joyce의 「율리시스Ulysses」나 블라디미르 나보코프(Vladimir Vladimirovich Nabokov)의 「롤리타Lolita」가 그런 예이다.

금서의 역사에 가장 기이한 일은 금서를 반대한 책이 금서가 된 사건이다. 이를테면, 조지 오웰George Orwell(본명은 Eric Arthur Blair)의 「1984」가 그렇다. 폐쇄적인 전체주의 사회의 문제를 다루고 있는 이 소설은 사상의 자유를 꿈꾸지만 결국 실패하고 마는 한 남자 이야기인데, 아이러니하게도 이 소설이 비난받고 금지되었던 곳은 스탈린주의에 사로잡힌 러시아도 아닌, 언론과 표현의 자유가 보장된 미국이었다.

이 책은 미국에서 가장 빈번하게 검열을 당한 책 가운데 하나로 꼽히는데, 그 이유는 공산주의 국가가 지나치게 강력하게 표현

되었다는 점이었다. 심지어는 플로리다의 침례교회 목사인 렌 콜리는 이 책이 친공산주의적이고 성 묘사가 노골적이라며 책의 보급을 금지할 것을 요청하기도 했다. 비슷한 예로, 책을 금지하고 불사르는 전체주의 사회를 비판한 레이 브래드버리Ray Bradbury의 가상 소설 「화씨 451」 또한 금서 요청을 받았는데, 그 이유는 소설에서 성경을 불태우는 장면이 있다는 것과 소방수를 비하했다는 것이었다.

하지만 지금까지 어떤 책을 금지한다고 해서 읽지 못하도록 완벽하게 막을 수 없었다. 그리고 이와 마찬가지로 어떤 책을 읽도록 강요한다고 해서 영향력이 생기는 것도 아니었다. 이를테면, 위험한 인종 우월주의 사상을 가득 담고 있는 히틀러의 「나의 투쟁」만 하더라도 수백만 부가 팔렸지만, 결과적으로 이 책이 미친 영향은 매우 미미하다. 사람들은 대부분 이 책의 내용을 심각하게 받아들이지 않았으며, 오늘날 이 책을 찾아보는 사람이 있다면, 고작 역사 연구가 정도일 것이다.

그러니 아무리 교회가 혹은 정부가 특정 사상을 금지하든 아니면 의도적으로 배포하든, 결국 사라질 책들은 사라지고 살아남을 책들은 살아남는다. 사라져 가는 많은 것들 사이에서도, 기억할 만한 가치를 지닌 것은 시간이 흐를수록 더욱 선명해져 간다. 그 사실만 보더라도 시간만큼 공정한 심판자는 없다.

고문의 위협을 피해 자기 이론인 지동설을 철회했지만, 되돌아서서 "epur si muove(그래도 지구는 돈다)"라고 말했던 갈릴레오 갈릴레이의 저서 『프톨레마이오스와 코페르니쿠스의 2대 세계체계에 관한 대화』(1632년 플로렌스에서 지오바니 바티스타란디니에 의해 출판) 표제다. 당시 이 책은 이단이라는 이유로, 교황청에 의해 금서로 지정되었다. 갈릴레이는 그로부터 수세기가 지난 1992년 교황 존 바올 2세 때에 비로소 최종적으로 면책되었다.

히틀러도
애서가였다

히틀러도 애서가였다. 그러니 책을 읽는 사람들이라면 누구나 이해심이 깊으며 냉철한 사고와 넓은 마음을 지녔으리라는 생각은 어디까지나 착각이다. 예술을 사랑하는 사람이라면 다를 것이라는 고정관념도 마찬가지다. 따지고 보면 히틀러도 괴테와 쇼펜하우어를 읽었고, 바그너의 음악에 심취했으며, 스스로가 화가 지망생이지 않았던가. 비단 히틀러뿐만이 아니었다. 그 주위 인물들도 하나같이 예술적인 감성과 지적 교양이 넘쳐나던 사람들이었다. 독일 국민을 상대로 한 프로파간다를 맡았던 괴벨스만 보더라도 언어학 박사였고 그리스 고전문학의 전문가였다. 그는 한때 마르크스에 심취했으며, 니체를 존경했으며, 연극과 소설과 시가 있는 유토피아를 꿈꿨다. 그뿐만 아니라 홀로코스트를 맡았던 로젠베르크는 건축과 철학에, 언론으로 반 유대주의를 조장한 슈트라이허는 미술에 대해 조예가 남달랐다.

그런데 어떻게 그토록 경악스러운 전쟁을, 잔인한 학살을 일으킨 것일까? 이들은 죄다 사이코패스였던 걸까? 아마도 그렇지는 않을 것이다. 이들은 사이코패스라는 기준에서 벗어난다. 사이코패스는 애초부터 감정을 느끼지 못하지만, 적어도 이들에게는 감정이 있었다. 아니, 책을 좋아하고 예술을 사랑한 것을 보면 오히려 그 누구보다도 풍부한 감정을 가지고 있었다. 문제는 그 감정이 방향을 제대로 찾지 못해 잘못 틀어지고 말았다는 점이다. 결국에는 예술을 정치적인 야망을 위해 악용했기에 벌어진 비극이었다.

히틀러는 젊어서 화가를 꿈꾸기도 했고 건축가가 되려고도 했다. 하지만 번번이 좌절하고 말았고, 그러자 자신의 좌절된 예술가의 꿈을 보상받기 위해 정치를 선택했던 것이다. 그는 정치 예술을 꿈꿨을지 모르나 정치적인 예술이야말로 예술이 타락하는 길이었다. 마찬가지로 예술을 인정하지 않으면 정치도 타락하고 만다. 히틀러는 무척 계산적인 사람이었다. 편을 가르고 증오를 부추기는 것이 정치력을 얻는 매우 유효한 방법임을 알고 있었다. 그는 언론과 여러 미디어를 통해 독일 민족의 우월성을 광적으로 찬양하는 동시에 유대인을 벌레나 돼지와 동일시하게 만드는 데 성공했다. 그는 정치 예술을 실현했다고 생각했을지 모르지만 사실 그것으로 예술은 끝이 나고 말았다. 그가 독일인들의 감정의 흐름이 외부(유대인)로 흘러나가지 못하게 차단했을 때, 사람들의 상상력 또한 제한되고 말았다.

상상력 없이는 아무리 위대한 예술 작품이라도 사람을 편협하게 만들고 만다. 편협한 사고로 책을 읽은 탓에 히틀러는 셰익스피어의 「베니스의 상인」에서 탐욕스러운 유대인만 발견했고, 바그너의 오페라 「니벨룽겐의 반지」에서도 오로지 민족주의적인 환상만 보았던 것이다. 훗날 그는 왜 자신의 통치 하에서 위대한 예술 작품이 나오지 않는지에 대해 의아해했지만, 사실 당연한 일이었다. 그의 유토피아는 상상력이 없는 곳이므로 결국 얼마 가지 못해 무너질 수밖에 없었다. 히틀러가 헤겔의 사상에 영향을 받았다는 사실도 간과할 수 없다. 헤겔이 도달하고자 했던 곳은 역사도, 종교도, 예술도 끝이 나는 지점이다. 다시 말해서, 절대적인 진리가 빛나는 신의 나라의 도래였고, 그곳이 바로 게르만의 신성로마제국에서 시작되어 비스마르크의 프로이센으로 이어지고 히틀러의 제국에서 완성된다고 믿었던 세상이다. 그런데 헤겔의 사상에는 거대하고 고상한 이념을 위해서는 작은 개인은 얼마든지 희생되어도 상관없다는 위험한 태도가 깔려 있다. 안타깝게도 그는 책을 악용하는 사람들이 빠지기 쉬운, 큰 진리를 위해 작은 진실들을 간과해도 좋다는 이상한 이상주의에 사로잡혔던 것이다.

사실 우리가 책을 읽고 쓰는 이유는 위험한 이상주의로부터 벗어나기 위해서가 아닐까? 문학은 내 생각을 다른 이에게 강요하겠다는 의도를 내려놓고 서로 다른 사람들이 인간 대 인간으로 만나고 공감할 수 있는 장소다. 의도 없이 서로 이해하려는 시간이다. 그제야 비로소 문학은 모두의 문학이 될 수 있다. 그렇지 않고서는 독일의 문학이거나 기독교의 문학이거나 우파의 문학일는지는 몰라도 인간의 문학은 아니다. 그리고 그 경계들을 무너뜨릴 수 없다면, 애초부터 예술이 아니다. 세상에 애서가들은 많다. 하지만 인간에 대한 애정이 없다면, 어쩌면 우리는 자기도 모르는 사이에 또다시 히틀러의 꿈을 꾸게 될는지도 모른다.

불같은
속도감

빨리빨리 더 빠른 속도에 익숙해져 가는 사람이 볼 때에는 한가하게 앉아 책을 읽고 있는 사람만큼이나 비효율적으로 시간을 보내는 사람도 없을 것이다. 어쩌면 그는 빠르게 손을 놀리며 전자 매체를 자유자재로 사용하는 자신이야말로 그 누구보다 앞서 간다고 자부할지 모른다. 하지만 그렇게 염렵해 보이는 그가 모르는 것이 있다. 지금 책을 읽고 있는 사람만큼 무서운 속도로 달리는 사람은 어디에도 없음을.

본능적으로 인간은 한계를 초월하려고 한다. 그리하여 마차를 만들고, 자동차를 만들고, 비행기를 만들고, 우주선을 만들었다. 인간이 가진 속도에 대한 열망은 끝이 없다. 그러니 느린 매체들은 종종 구시대의 것으로 취급되고 심지어는 사라져야 하는 것으로 간주되기도 한다. 그 흐름에 따르자면, 책이 그 순위이다.

"만일, 책이 사회에서 추방된다면?" 이러한 의문으로 쓰인 책이 브래드버리의 「화씨 451」이다. 미래가 배경인 이 소설에는 세상의 모든 책을 없애려는 전체주의 정권이 등장한다. 이 정권은 완벽하게 통일된 사회, 모두의 정신을 지배할 수 있는 사회를 유지하기 위해서 책이 아닌 영상 매체를 그 도구로 삼는다. 그리고 자연스럽게 이 사회를 살고 있는 사람들은 속도를 신봉하게 된다. 시속 90킬로미터 이하로 달리는 차들이 오히려 처벌을 받게 되고, 사람들은 더욱 더 빠르고 더 자극적인 영상을 요구한다.

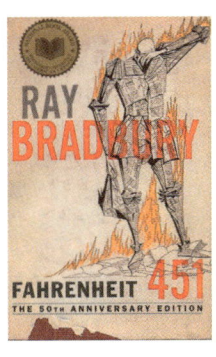

소설 제목이, 책이 불에 타는 온도인 화씨 451도를 가리키고 있듯이, 이 사회를 유지하는 데에 중요한 역할을 담당하고 있는 이들은 소방수들이다. 이들은 우리 현실 사회의 소방수와는 완전히 반대로 불을 끄는 일이 아니라 불을 지르는 일을 한다. 곳곳에 숨겨진 책들을 적출하여 불에 태우는 것이 이들의 일이다. 게다가 빠르기를 따지더라도 불로 태워 버리는 것만큼 효과적인 방법도 없지 않은가.

「화씨 451」은 생각이 통제된 사회를 경고하는 소설로 책을 멀리하고 매스미디어에 중독된 세상을 비판한다. 1953년에 예견한 오늘의 모습이 자못 흥미롭다.

그런데 문제는 한 소방수가 책의 비밀을 알아채게 되면서부터 생긴다. 주인공 몬태그는 한때 누구보다도 더욱 열심히 책을 불태웠고 또 그 누구보다도 속도를 신봉했다. 하지만 한 노파의 서재를 태우던 중 우연히 어느 책의 한 구절을 읽게 되었고, 그 책을 동료들 몰래 훔쳐와서 또다시 읽게 되는 순간 모든 것이 변해 버리고 말았다. 그 순간 그는 더는 과거로 되돌아갈 수 없음을 예감했다.

(이제는 완벽한 사회의 이탈자가 되어 버린) 그는 숲 속에서 살고 있는 사람들을 만나게 된다. 이들도 그와 마찬가지로 책을 읽는 자유를 위해 도시로부터 벗어난 사람들인데, 어떤 이유에서인지 하나같이 여유로운 모습으로 살아가고 있었다. 아마 그 느긋함은 그 어떤 기술보다 빠른 속도로 달릴 수 있는 상상력에서 왔을 것이다. 이들은 책을 통해서 시간을 해방시키는 능력을 알게 되었고, 또 그 능력으로 인해 자유로울 수가 있었다. 새로운 사회에 합류하게 된 몬태그 또한 이제는 더 이상 시간에 쫓기며 살아가지 않는다. 그 대신 앞뒤로 길게 펼쳐진 과거와 미래라는 거대한 시간을 품으며 구약성서를 외우기 시작한다.

차마
태울 수
없었던 책

프란츠 카프카Franz Kafka에게는 글을 쓰는 것밖에도 이상한 취미가 있었는데, 그것은 바로 자신이 쓴 글을 벽난로의 불쏘시개로 쓰는 것이었다. 잠이 오지 않는 밤이면 원고가 불꽃으로 변해 가는 모습을 보면서 마음의 평안을 찾았다고 한다. 그는 어려서부터 몸이 병약했고 지나치게 예민했다. 그리고 젊은 나이에 자신의 죽음을 예감하게 되자 친구인 막스 브로트에게 지금까지 썼던 자신의 모든 일기와 원고와 편지 들을 태워 달라고 부탁했다.

왜 카프카는 이전과는 달리 직접 태우지 않고 친구한테 부탁했던 걸까? 여기에는 좀 소름 끼치는 이유가 있다. 매일 밤 그가 회사에서 돌아와 자신의 작은 방 안에서 한 일은 혼신을 다해 글 속에 생명력을 불어넣는 작업이었다. 그의 펜 끝에서부터 그의 고민, 그의 사랑, 그의 광기가 고스란히 쏟아져 나와 종이 위로 옮겨 갔다. 그런데 어느 순간부터 그 기운을 받은 기이한 생명력이 꿈틀 꿈틀 살아나는 것이 아니겠는가! 이것은 카프카로서도 분명 끔찍한 노릇이었을 것이다. 그가 친구인 막스 브로트한테 부탁해서 자기 대신에 그 생명체를 없애려고 한 것도 그런 이유에서였다.

하지만 당황스럽기는 그의 친구도 마찬가지였다. 그래서 브로트는 친구의 유언을 듣는 대신 그 생명체를 책 속에 잡아넣고는 최대한 멀리 떠나보냈다.

비슷한 경우가 에밀리 디킨슨Emily Dickinson이다. 그녀는 평생 독신으로 살면서 작은 방 안에서 글만 썼다. 집안일에는 도통 흥미가 없었다. 시에 제목을 붙이는 일에도 관심이 없었던 그녀는 하루에 한 편씩 시를 쓰고 번호를 매겼다. 시는 대부분 죽음과 영원에 대한 내용이었다. 그리고 자신이 죽을 때가 오자, 동생에게 지금까지 쓴 글들을 모두 불태워 달라고 유언했다. 하지만 동생 또한 40권에 다다르는 언니의 노트를 차마 태울 수가 없었다. 노트를 펼쳐 보니, 저마다 숫자가 매겨진 시들이 살아 아우성치고 있었기 때문이다. 누군가가 말했듯, 그녀의 시는 다친 고양이 한 마리가 영어로 말하면서 우리에게 다가오는 착각을 불러일으킨다. 그리하여, 그녀의 글 또한 책으로 출간되었고, 여기저기를 돌고 돌아 지금은 내 책상 위에 가만히 걸터앉아 나를 내려다보고 있다.

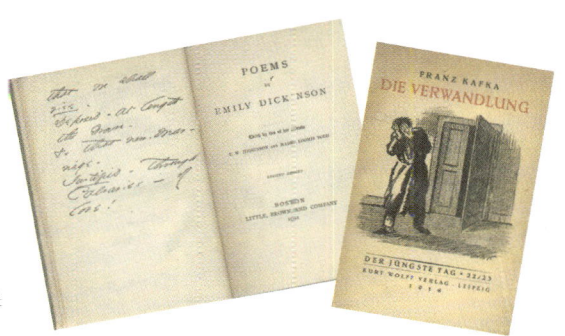

은둔하는 문학인 에밀리 디킨슨의 스승은 오로지 성경, 셰익스피어 작품, 고전 신화뿐이었다. 이 수줍은 시골 여인이 19세기 초 고의 시를 썼다는 사실은 1950년대 그의 시가 재발견된 이후에 비로소 알려지게 되었다.

에밀리 디킨슨의 시집.

＃ 혁명이 시작되는
침묵

「작은 것들의 신(The God of Small Things)」이라는 책으로 부커상을 받은 아룬다티 로이Arundhati Roy라는 인도 여성 작가는 이 처녀작의 성공에도 불구하고 어떤 이유에서인지 그 다음 소설을 쓰지 않았다. 그 대신 그녀가 한 일은 사회운동에 눈을 돌리는 것이었다. 이후로 그녀는 인도의 댐 건설 반대 운동, 반전 운동 등에 참여하느라고 바쁘게 돌아다녔다. 왜 다음 소설을 쓰지 않느냐고 사람들이 물었을 때, 그녀는 대답했다. 위기 상황 중에 태평하게 소설이나 쓰고 앉아 있을 수는 없노라고.

그녀의 말처럼 가만히 앉아 글을 쓰고 있는 일은 누가 보더라도 태평하게 보인다. 사회운동처럼 실질적이고 또 효과적으로 여겨지지도 않는다. 더군다나 급박한 시점이라면 더더욱 느긋하게 책을 읽고 또 쓰고 있는 사람을 너그러이 이해해 줄 사람이란 아마 찾아보기 힘들 것이다. 그러니 그녀의 선택은 지극히 이성적이고 타당하지만, 그럼에도 불구하고 내 마음에 남아 있는 이 의문은 무엇일까.

어쩌면 가만히 앉아 소설(따위)을 쓰는 것이 사치일지도 모른다. 사실 책은 우리의 바람처럼 그렇게 대단한 힘을 발휘하지 않는다. 당장 전쟁을 막거나, 굶주린 어린아이들에게 빵을 만들어 주거나, 죽은 사람을 되돌아오게 할 수도 없다. 하지만 그럼에도 불구하고 미련하리만큼 꿋꿋이 책을 쓰는 사람들이 있다. 적어도 이들에게 책은 무의미하지는 않기 때문이다. 무력할지는 몰라도 결코 무의미하지는 않다.

사실 우리는 혁명가로서의 마르크스를 알고는 있지만, 그가 14년 동안 대영도서관에 틀어박혀 싸구려 담배를 피워 대며 「자본론」을 썼던 긴 침묵의 기간에 대해서는 모르는 경우가 대부분이다. 늘 그가 앉았던 시멘트 바닥이 닳아서 움푹 파였다고 할 정도다. 그 오랜 시간 동안 사람들은 마르크스를 어떻게 보았을까? 어쩌면 단지 하릴없이 도서관에 다니는 실업자로 보였을지도 모르겠다. 하지만, 그가 만들어 낸 결과는 결코 무의미하지 않았다.

그러니 누군가는 글을 쓰는 것은 비현실적이고, 실천이야말로 현실적인 행동이라 말할지 몰라도, 그 실천이라는 정의가 사실 모호하다. 책을 읽고 글도 쓰는 것이나 또 치열히 공부하고 반성하는 것이 실천이 아닐까? 마르크스가 한 유명한 말이 있다. "철학자들은 세계를 다양한 방식으로 해석해 왔지만, 그보다 중요한 것은 개혁이다"라고. 이 말은 언뜻 오해하기 쉽다. 하지만 마르크스가 도서관에서 보낸 시간을 생각하면, 어쩌면 그가 말한 개혁이란, 먼저는 사유의 개혁이 아니었을까 싶다.

이 세상에는 문학의 무력함에 대해 지독한 회의를 느낀 철학자 아도르노처럼 "아우슈비츠 이후에 서정시를 쓰는 것은 야만이다"라고 말한 사람도 있지만, 그럼에도 불구하고 파울 첼란Paul Celan(본명은 Paul Antschel)처럼 수용소에서 극적으로 살아 나와 꿋꿋하게 시를 쓴 사람도 있다.

물론, 누구의 생각이 맞는지에 대한 의문은 꼬리에 꼬리를 물고 이어지기 때문에 내가 마음속에서 느끼는 불편함은 쉽사리 사라지지 않는다. 더군다나 태평하게 카페에 앉아 책을 읽고 있는 순간에는 더욱 그렇다. 하지만 어쩌면 그것이야말로 당연한 게 아닐까? 지금의 나는 답을 내릴 수가 없다. 꿋꿋하게 책을 읽고, 글을 쓰는 이유는 그것이 '옳은 일이기 때문에'도, '옳지 않기 때문에'도 아니다. 다만 '일단은 그렇게 할 수밖에 없지 않은가?'에 가까울 것 같다.

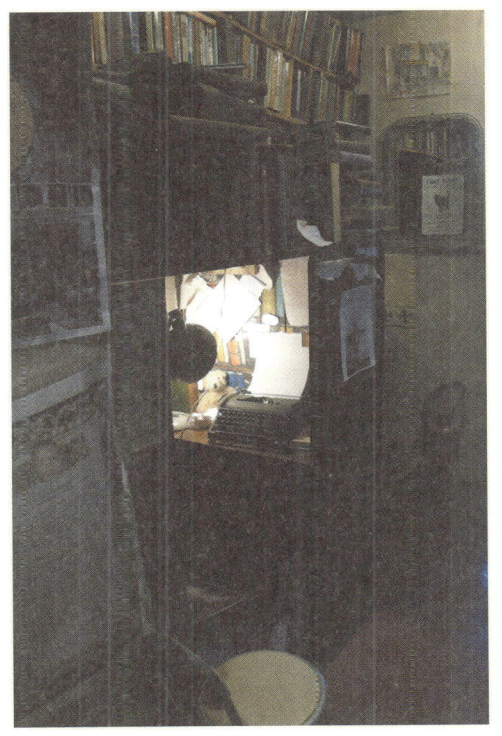

"알렉산더 대왕이 원정 때 「일리아드」를 귀중하게 상자에 넣어 가지고 다녔다는 것은 하나도 놀라운 일이 아니다. 기록된 말은 유물 중에서도 가장 귀중한 유물이다. 그것은 다른 예술품보다도 더 우리에게 친밀하며 동시에 더 보편적이다. 그것은 인생 자체와 가장 가까운 예술품이다. 그것은 어느 언어로도 번역될 수 있고 읽혀질 수 있을 뿐만 아니라 생명의 입김 자체로 조각될 수도 있다." — 헨리 데이비드 소로

책이 불타는
곳에서는
결국 인간도
태워지고 만다

지금껏 나와 친하게 지낸 사람들의 특징을 가만히 따져 보니 공통점이 하나 있다. 죽음에 대해 태연하게 이야기할 수 있다는 점이다. 심지어 그중에는, "내 장례식에는 말이야…"라며 죽음을 마치 하나의 이벤트로 여기는 사람도 있었다. 아마도 이들이 세상에서 좀 더 자유로움을 누릴 수 있게 된 이유는, 죽음 따위야 뭐 어찌되든 상관없다는 태도 덕분일 것이다. 죽음이 아무렇지도 않다면, 세상에서 이들의 발목을 잡을 일도 별로 없을 듯하다.

물론, 대부분의 사람은 그렇지 못해 마치 불문율인 듯 죽음에 대해서 감히 말하지도 않고 생각하지도 않는다. 그 대신 이생에서의 쾌락과 사치를 광적으로 추구하곤 하는데, 사실 그 배후에도 거부할 수 없는 죽음이라는 그림자가 도사리고 있다. 하지만 그것을 모르는 체하며 죽음에 대한 공포를 잊기 위한 거짓과 허세가 늘어 갔고, 그 도피가 화려해질수록 죽음은 저 멀리 형이상학적인 세상의 것이 되어 버리고 만다. 마치 나와는 아무런 상관도 없다는 듯이 말이다.

하지만 안타깝게도 죽음에 대한 공포는 완전히 추방되지 않는다. 아무리 인류가 지적인 발전을 이루고, 기술의 진보를 거듭하더라도 이 공포는 또다시 슬그머니 머리를 들고 만다. 그러니 새해가 시작될 때마다 올해가 인류의 마지막일는지도 모른다는 가설들이나 여름철이면 어김없이 지구 멸망을 다룬 재난 영화들이 나오는 것도 이상한 일이 아니다. 문제는 죽음의 공포를 해결하지 못한 채로 발전해 온 문명은 오히려 인간을 오만하게 만들고 말았다는 점이다. 자기가 신적인 존재라고 착각하게 된 인간에게 죽음은 그만큼이나 이질적인 것이 되고 말았다.

그래서 어느 순간 자신이 신이 아님을 깨닫는 것은 충격이고 분노였다. 이 분노 때문에 거꾸로 전쟁을 일으키고 책을 불태우고 야만으로 되돌아가곤 했다. 심판의 도구로 불을 선택한 것에는 그래서 의미가 있다. 물론 불이 효율적이라는 점도 있지만, 무엇보다 전시 효과가 대단혀서였다. 활활 타오르는 책들만큼 지옥의 무시무시한 광경을 더 실감나게 은유할 수 있는 것이 있을까? 책을 불태우는 인간들은 그렇게 스스로가 심판자라는 착각에 빠져 신의 놀음이라는 광기에 흠뻑 취할 수 있었다.

불은 일찍이 계몽의 아버지 프로메테우스가 인간에게 전해 준 것으로, 애초에 신이 아닌 인간에게는 허락되지 않던 힘이었다. 하지만 인간이 손에 불을 쥔 뒤로 세상은 급변하기 시작했다. 문명은 놀라운 속도로 발전해 나가고, 무기와 도구와 건축물과 더불어 지적 능력도 향상되었다. 비로소 인간이 만물을 다스릴 수 있는 영장으로 등극한 것이다. 하지만 인간은 이 불을 가지고 그토록 애써 쌓아올린 문명을 파괴하는 데에 사용하기도 했다. 파괴하는 데에도 불만큼이나 효과적인 도구가 없었던 것이다.

한때 헤겔이 강의한 훔볼트대학 앞에서 또다시 야만으로 되돌아가고 만 지식인들을 생각해 본다. 1933년 5월 10일 밤. 이곳에서 대대적인 분서 사건이 일어났다. 당시 독일 제3제국의 선전장관이었던 괴벨스가 지켜보는 가운데 이 대학 학생들은 2만5천 권에 이르는 책을 쌓아 놓고 불을 지폈다. 그 불길 속으로 프로이트, 아인슈타인, 토마스 만, 브레히트, 슈테반 츠바이크의 책들이 던져지는 순간, 학생들이 "인간 영혼의 고상함을 위하여!"라고 외친 것은, 아이러니하지만, 사실은 당연했다.

그날 이후 많은 작가가 서둘러 독일을 떠나야 했다. 자신의 책이 불에 태워졌다는 소식을 전해 들은 프로이트는, 그나마 자기를 불태우지 않았으니 중세에 견주어 조금 진보한 셈이 아니겠느냐고 했다. 하지만 안타깝게도 그의 생각은 어긋나고 말았다. 그날 밤의 분서 사건은 그 뒤에 이어질 유대인 대학살에 대한 예고편에 불과했기 때문이다.

책을 불태운 사건에 뒤이어 사람마저 불태우고 만 충격을 경험한 사람들은 이제 기술에 대한, 인간 이성에 대한 깊은 회의에 빠졌다. 예술가들도 마찬가지였다. 아도르노는 아우슈비츠의 학살 이후에 서정시를 쓴다는 것은 야만이라고 말했다. 하지만 그런 가운데에서도 시간은 흘렀고, 사람들은 또다시 시를 쓰고 읽고, 책을 쓰고 읽고 있다. 비록 죽을 수밖에 없다 하더라도 삶은 비참하

 그날 분서를 자행한 학살들도 나름대로 이상을 꿈꾸고 있었을 것이다. 그러나 그 이상은 무서운 것이었다. 내가 옳다고 믿는 것을 위해서라면 다른 이들은 얼마든지 희생시킬 수 있다는 논리를 바탕으로 했기 때문이다.
 "책이 불태워지는 곳에서는 언젠가 인간도 불태워지게 된다." 도서관 앞에는 하인리히 하이네Heinrich Heine의 글이 남아 있다.

"책은 소년의 음식이 되고 노년을 즐겁게 하며, 번영과 장식과 위난의 도피소가 되며, 그리고 위로하고, 집에서는 쾌락의 종자가 되며, 밖에서도 방해물이 되지 않고, 여행할 적에는 야간의 반려가 된다." ─키케로

리만큼 아름답다는 것을 기억하기 위해서 오히려 그 어느 때보다 시가 필요했다. 이것이야말로 그 어떤 기술의 진보보다도 진보적인 성과이다. 같은 운명에 처한 인간에 대한 연민과 그 연민의 대상을 넓혀 나갈 수 있는 능력. 죽음을 분노가 아닌 너그러움으로 받아들일 수 있는 성숙함. 그것이 한 번쯤 죽음 앞에서 처절한 고민을 거쳤던, 내 친근한 친구들에게서 볼 수 있는 자유였다.

이제 전쟁의 흔적은 온데간데없고, 대학생들은 여느 젊은이들처럼 발랄하다. 그리고 신기하게도 우리는 그날 불 속으로 던져진 책을 아직까지도 읽고 있다. 여든 해 전 야만적인 분서 사건이 있었던 훔볼트대학 도서관 앞 광장에는 하인리히 하이네의 글이 새겨져 있다.
"책이 불태워지는 곳에서는 언젠가 인간도 불태워지게 된다."

영원히
책을
소유하는 법

사람이 평생 읽을 수 있는 책 분량에는 한계가 있다. 그럼에도 불구하고 자신이 읽을 수 있는 책보다 더 많은 책을 소유하려는 심리는 대체 무엇일까? 일단 가지고 있다 보면 언젠가는 읽게 되겠지, 지금 당장은 바빠서 읽지 못하지만 시간이 나면 읽어야지 하고 생각하게 되는 것은, 어쩌면 책을 소유하는 것이 곧 시간을 소유한다는 환상을 불러일으키기 때문인지도 모른다. 책을 모으는 것은 시간을 끌어모으는 것과도 같고, 많은 책은 곧 많은 시간이요, 무한한 시간은 영원한 삶이라는 등식들은 책을 통해서 죽음을 피해 보려는 저항이기도 하다. 하지만 아이러니하게도, 이 욕심을 지나치게 부리다가 도리어 비극적인 최후를 맞이한 사람이 있다.

그의 이름은 블라르(Antoine Marie Henri Boulard). 18세기 프랑스 사람으로 변호사이자 언어학자이기도 한 그는 유난스러운 책 수집광으로 유명했다. 그는 아침마다 1미터 길이의 지팡이를 들고 집을 나섰고, 그 높이만큼 책을 사들이지 않고는 되돌아오지 않을 정도였다. 곧 그의 집은 발 디딜 틈 없이 책으로 가득 차게 되었고, 그 뒤 그는 오로지 책을 보관할 용도로 집 다섯 채를 더 구입했다. 그 집들 또한 이내 높이높이 쌓아 올린 책들로 가득 채워져서, 그의 집을 방문하는 사람은 책더미를 건드리지 않도록 몹시 주의를 기울여야 했다. 자칫 잘못하면 한 번의 실수로 책무덤에 파묻힐 수도 있었으니 말이다. 이런 그의 수집병을 참다못한 부인이 한마디 했다. 이제 책을 더 사면 쫓아내 버릴 거야! 하지만 부인의 말은 그의 병을 오히려 악화시키고 말았다. 더는 책을 살 수 없다는 생각으로 그는 신경쇠약과 더불어 온몸이 고열로 끓어오르기 시작했다.

그 모습에 놀란 부인은 남편이 다시 책을 사도록 허락했지만, 결국 그것은 더 큰 화를 가져오는 원인이 되었다. 며칠 뒤, 블라르는 책을 잔뜩 사들고는 마차를 잡지 못해 땀을 뻘뻘 흘리며 겨우 집으로 돌아왔는데, 이 탓로 늑막염에 걸려 그만 세상을 떠나고 말았다. 결국, 그가 죽은 뒤 무려 80만 권이나 되는 그의 책들이 한꺼번에 시장으로 도로 밀려나오는 바람에, 그 뒤 5년 동안 책값이 급격히 떨어지는 일까지 일어났다. 하지만 그중에서도 가장 안타까운 사실은, 그가 하도 열정적으로 책을 사 모으는 바람에 정작 자신은 그 어떤 책도 읽을 시간이 없었다는 점이다.

책을 영원히 소유하는 방법을 잘 알고 있던 사람으로는 프랑스의 극작가인 장 라신(Jean Racine(1639-1699)이 있다. 그가 어린 시절에 겪은 일화가 있다. 그는 한때 엄격하기로 유명한 얀센 파 수도원에서 공부한 적이 있었다. 그곳은 어찌나 규율이 엄격했던지 학생들이 읽는 책을 일일이 검사하곤 했다. 그러던 중 라신은 우연히 「테아게네스와 카리클로의 에티오피아 모험」이라는 책을 손에 넣게 되었고, 그 소설에 흠뻑 빠져 며칠 동안 품에 두고 읽었다. 그런데 우연히 그 책이 수도원 성직자의 눈에 띄게 되자, 라신은 이 일로 인해 곤혹을 겪게 된다.

성직자는 노발대발하며 그 책을 불 속으로 내던져 버리고 라신을 징계했지만, 그런 일을 겪고도 라신은 또다시 같은 책을 구해서 몰래 읽었다. 하지만 두 번째 책도 얼마 가지 못해 발각되어 곧장 불 속으로 향했다. 그러자 오기가 생긴 나머지 라신은 또다시 같은 책을 구했는데, 이번에는 책 내용을 아예 통째로 외워 버렸다. 그러고서 자진하여 성직자를 찾아가 그에게 책을 건네주며 이렇게 말했다.
"이제 이 책도 앞의 두 책과 마찬가지로 태우시지요."

끝없는
다시 읽기

한동안 잊고 있다가도 문득 내가 고전을 꺼내어 다시 들춰 보게 되는 이유는 이전에 그 말이 혹시 이러한 의미가 아니었을까 하고 새삼 떠오를 때이다. 그럴 때면, 이상하게도 분명 처음 읽는 책이 아닌데도 마치 처음 읽는 것 같은 낯선 느낌이 들기도 한다. 그런가 하면, 분명 같은 책을 읽고 있는데 누군가는 나와 완전히 다른 의미로 해석할 때가 있다. 그러다 보면, 나는 과연 내가 읽은 책에 대해서도 무엇을 안다고 할 수 있을지 난감해지기도 한다. 어쩌면 고전이 이토록 오랫동안 살아남을 수 있었던 이유 또한 사람들로 하여금 읽고 또 읽게 만드는 숨겨진 힘이 있어서가 아닐까.

이러한 일은 한 개인에게서도 일어나지만, 시대적인 사건이 되기도 한다. 과거에 한 남자가 어떤 책을 그때까지의 다른 모든 사람과 다르게 읽어서 엄청난 파장을 일으킨 일이 있었다. 그의 '다르게 읽기'는 결국 세상을 영영 뒤집어 놓아 버리는 혁명의 시초가 되었다.

마르틴 루터가 성직자의 길을 걷던 당시, 유럽을 지배하던 기독교는 종교성보다도 정치 체제를 온존시키기 위한 수단이라는 성격이 더 강했다. 그러다 보니, 성직자들조차도 성서나 신학서를 읽지 않는 경우가 허다했다. 심지어는 글을 모르는 사람이 성직자가 되는 경우도 있었다는 걸 보니 아마 읽을 필요도 없었던 모양이다.

그 시절 성직의 길을 택하는 사람들은 대부분 기득권을 유지하려는 귀족 출신이었다. 하지만 루터는 애초에 성직자가 될 생각이 없었다. 다만 어느 날 그가 여행을 하던 중 폭풍우를 만났고, 이 일로 죽을 지경에 이르자, 그는 자기 목숨만 살려 준다면 자신의 삶을 신에게 바치겠다고 성 안나에게 기도한 것이 그 계기였을 뿐이다.

그래서인지 다른 성직자와는 달리 루터는 별다른 선입견 없이 성경을 읽을 수 있었다. 하지만 성경을 읽으면 읽을수록 그는 충격에 빠졌다. 아무리 읽어 보아도 자신이 믿고 따르던, 그리고 온 사회가 신봉하던 교리는 성경에 없었기 때문이다. 성경 그 어디에서도 교황을 섬기라는 명령은 찾을 수가 없었다. 교회의 권력을 옹호하는 말도 없었으며, 성직자는 결혼하지 말아야 한다는 말도 없었다. 면죄부 이야기가 있을 리는 더더욱 만무했다.

그뿐만이 아니었다. 교회의 제도는 모세의 율법과 예수의 가르침과 오히려 반대인 경우가 많았다. 대체 내가 무엇을 잘못 읽은 것일까? 아니면 세상이 잘못된 것일까? 혼란이 찾아오기 시작하자,

그는 밤이고 낮이고 성경을 읽고 또 읽었다. 거의 광인으로 비칠 만큼 치열하게 성경을 읽어 내려갔고, 결국 그러던 끝에 그는 한 가지 결론에 도달했다. 그 결론이란, 잘못된 것은 성경이 아니라 교회라는 것이었다. 이제 더 이상 그의 신념을 막을 수 있는 사람은 없었다. 아무리 교황이라고 한들 어쩔 수가 없었다.

"성경의 증언이나 명백한 이유를 가지고 따르게 하지 못한다면, 나는 계속 내가 든 성구를 따르겠다. 나의 양심은 신의 말에 사로잡혀 있다. 왜냐하면 나는 교황도 공의회도 믿지 않기 때문이다…나는 내 주장을 철회할 수 없고 그럴 생각도 없다. 양심에 반하는 일을 하는 것은, 확실하기는 해도 득책은 아니기 때문이다. 신이시여, 저를 도와주소서. 아멘. 나, 여기에 선다. 나로서는 달리 어떻게 할 도리가 없다."

책이 신기한 이유가 여기에 있다. 성경이라는 책 한 권을 놓고 보더라도 누군가는 자신의 권력을 정당화하기 위해 읽었겠지만, 또 루터 같은 사람은 그 권력을 타파할 힘을 같은 책에서 찾아냈다는 점도 그렇다. 영국의 낭만주의 시인이자 화가인 윌리엄 블레이크William Blake가 "너도 성경을 읽지만 이상하게도 내가 검은 것으로 읽은 것을 사람들은 희다고 말하고, 내가 희다고 읽은 것을 사람들은 검다고 말한다"고 말한 것도 마찬가지 발견이다.

같은 책을 두고 히틀러는 민족주의의 사상을 키웠고, 셰익스피어는 예술의 원천으로 삼았다. 그러니 어쩌면 책은 독자가 누구냐에 따라서 다르게 비추는, 그 어떤 것보다도 정확한 거울인지도 모르겠다. 이전에 읽었던 책을 전혀 다른 느낌으로 읽게 될 때, 나는 문득 내가 변했음을 깨닫는다. 책이 다른 의미로 다가오는 순간, 나는 생각하게 된다. 혹시 그것은 과거가 아니라 처음부터 미래를 품고 있었던 건 아니었을까? 지금도 저 책들은 기다리고 있는지도 모른다. 새로운 독자가 아니라 새롭게 읽을 수 있는 독자를.

2 감각을 깨우는 책 읽기

"아직 나 자신을 찾아 헤매던 어린 시절,
열심히 탐독한 책들 중 한 권을 여는 순간,
나는 낡은 종이 향기에 사로잡혔지.
개가 냄새를 남겨 자신의 넓은 구역을 확보하듯,
나는 냄새 밴 책들에 둘러싸였기 때문이지.
책을 읽는 자는 향기가 난다."

귄터 그라스

마치 처음 사랑에 빠지는 사람이 그렇듯 책 속의 세상이 그 무엇보다 현실이라고 생각하기 쉽지만, 감각을 통하지 않고서야 그 현실은 어디까지나 이상주의적 환상에 머무르고 말 것이다. 독서가 정신적인 일이라는 오해는 아마 아무렇게나 옷을 입고 제대로 씻지도 않는 책벌레들 때문에 생겨났을 것이다.

많은 책벌레가 서재에 틀어박혀 문자만 야금야금 먹으며 형이상학적인 개념 속에 거물고 있는 탓에 그 언어들이 현실로 이어지는 일은 보기가 드물다. 그런 의미에서 어쩌면 고대 그리스 철학자들이야말로 현명했던 것이 아닐까? 운동과 식생활까지도 철학의 일부로 여긴 이들은 건강한 정신과 건강한 몸 사이의 균형을 찾으려고 애를 썼다. 심지어 소크라테스를 칭하는 말 중에 "황금처럼 빛나는 몸"이라는 표현이 있을 정도다.

문자가 만들어 내는 환상 속에 갇히지 않기 위해서는 온몸으로 책을 읽어야 한다. 책을 통해 냄새를 맡고, 입맛을 다시고, 노래를 부르고, 먼 곳을 향해 나가야 한다. 책읽기는 온몸을 부딪쳐서 하는 것이고, 그렇게 온몸이 책이 되어 가는 것이다. 그것이야말로 깨어 있는 사람의 독서법이다.

책을 읽을 때
커피가
생각나는 이유

술을 마시면 기분도 풀어지고 기억도 희미해져서 사람을 한없이 예술적으로 만들어 줄 것 같지만, 그런 이유 때문에 어딘지 모르게 미심쩍고 무책임하게 여겨지기도 한다. 하지만 그에 견주어 씁쓸한 커피는 어떤가. 왠지 모르게 잠에서뿐만 아니라 무지에서도 깨어나게 해 줄 것만 같다. 오죽하면 조너던 스위프트Jonathan Swift가, 커피야말로 정말로 우리를 한없이 진지하고, 엄숙하고, 철학적으로 만들어 준다는 말까지 했을까.

서구인들이 한창 와인을 마시며 디오니소스식 격정에 취해 있을 때, 중동인들은 커피를 마시며 고된 정신적 수양을 견뎌 내고 있었다. 무엇보다도 금욕과 불면을 미덕으로 여겼던 이들에게는 무엇보다도 어울리는 음료였다.

페르시아의 대표적인 이야기인 「천일야화」의 핵심은 절대로 잠들지 말아야 한다는 것이다. 잠은 곧 죽음이나 마찬가지다. 그래서 세헤라자데는 살아남기 위해서라도 계속해서 이야기를 이어 가야 했다. 그러니 졸음을 내쫓고 정신을 맑게 해 주는 커피는 당연 필수였다. 중동인들이 커피를 얼마나 귀하게 생각했는지는 커피의 탄생 이야기에서도 드러난다.

어느 날, 마호메트가 산속에서 수련하다가 쏟아지는 졸음을 참지 못해 기도하고 있었다. 그때 그를 돕기 위해 천사 가브리엘이 방문한다. 그런데 그 성스러운 손에 들려 있던 것이 바로 검은 음료였다. 마호메트는 하늘에서 내려온 신비로운 음료를 받아 마셨고, 곧이어 정신이 맑아지는 신기한 체험을 했다. 그 뒤로 이 음료는 '마법의 검은 약'이라는 이름으로 불렸다.

이슬람들은 수세기 동안 귀한 커피의 종자가 외부로 유출되는 것을 엄격히 통제했다. 물론 12, 13세기에 십자군전쟁을 일으켜 쳐들어온 유럽인들이 커피 맛을 보긴 했지만, 본격적으로 유럽인들이 커피를 마시기 시작한 것은 그로부터 한참 뒤 베니스 상인들이 전하면서부터였다.

커피에 대한 유럽인들의 첫 반응은 혐오였다. 이 어두운 색의 씁쓸한 액체는 어딘지 모르게 고문에 사용되던 약과 비슷해 보이기도 했다. 하지만 마법의 검은 약은 그 효력을 이곳에서도 발휘하게 되었고, 얼마 지나지 않아 유럽인들도 커피에 열광하게 되었다. 이 열기를 우려한 일부 과격파 천주교 신자들은 이교도의 음료가 퍼지는 것을 용납할 수 없다며 교황에게 커피 금지 명령을 내릴 것을 촉구했다. 하지만 당시 교황이던 클레멘트 8세는 상당한 커피 애호가였던지라, 커피로 세례를 준다는 말이 있을 정도였다.

커피가 불러일으킨 효과는 사뭇 놀라웠다. 게다가 그 시기가 책이 대중적으로 보급되는 시기와 맞물려 17, 18세기 유럽은 유례없는 지성의 시대를 맞았다. 커피가 뇌 운동을 활발하게 해 주었기 때문에 이때부터 서구에서 철학과 수학의 발전이 시작되었다고 주장하는 학자도 있으며, 커피가 유럽 계몽화에 큰 역할을 했음을 추정하는 논문들도 발표되었다.

물론, 이와 같은 사실을 증명해 보일 길은 없겠지만 분명 사람들은 커피를 마시면서 자기가 똑똑해지고 있다고 생각한 모양이다. 몽테스키외도 「페르시아인의 편지(Letters Persanes)」에서 말하기를, "파리에서 커피가 유행하게 된 것은 위대한 일이었다. 손님들은 커피를 마시고 적어도 네 배 이상은 총명해졌다고 생각하며 문을 나섰다"라고까지 했으니 말이다. 심지어는 독서광들 사이에 커피를 마시는 것이 유행하자 오히려 재미를 본 것은 출판업자들보다도 커피 장사들이라는 말이 나왔을 정도다.

어쨌든, 커피가 토론 문화에 한몫한 건 사실이다. 런던의 커피 하우스에서는 스위프트, 존슨, 드라이든, 포프 등 유명하다는 당대 작가들이 모여 커피를 마셨고, 카페인 과다로 인해 수다가 꽃 피었고, 그래서 문학계가 발전했다고 하니 말이다. 프랑스 혁명이 일어난 것도 그 전까지만 해도 개인 서재나 도서관에 은둔하고 있던 사람들이 카페로 나와 모였기 때문에 가능했다고 한다.

씁쓸한 맛 때문인지 왠지 커피는 낭만과는 거리가 멀 것 같지만, 찾아보면 커피에 얽힌 낭만적인 이야기도 얼마든지 있다. 이를테면, 「고리오 영감」을 쓴 프랑스 작가 발자크(Honore de Balzac)의 일화가 그렇다.

당시 서른세 살의 젊은 발자크는 어느 날 한스키 폴란드 백작 부인을 보고 사랑에 빠지고 말았다. 그 여인은 이미 결혼한 몸이었지만 발자크는 마음을 억누를 수가 없었다. 백작 부인은 처음에는 말도 안 된다며 거절했지만, 그의 지칠 줄 모르는 사랑에 감동한 나머지 아무도 몰래 남편이 죽으면 결혼해 주겠다고 약속했다. 물론, 그날이 언제가 될지는 아무도 알 수 없지만, 여전히 발자크는 백작 부인을 맞이하기 위해 그녀에게 어울릴 만한 지위와 재산을 모아 놓아야겠다고 다짐했다. (사실 이것이 그가 글을 쓰게 된 계기라고 한다.)

그는 언제나 시간을 아까워했고 심지어는 잠을 자는 시간까지 아끼기 위해 항상 커피를 입에 달고 살았다. 그렇게 하루에 수십 잔의 커피를 마시면서 글을 쏟아 내는 생활을 18년이나 한 끝에 그가 그토록 꿈꾸어 오던 일이 일어났다. 드디어 백작이 세상을 떠나고 백작 부인과 결혼을 하게 된 것이다. 하지만 운명의 장난이었을까. 달콤한 신혼도 잠시, 그가 평생 카페인을 지나치게 섭취한 것이 문제가 되어 결혼 뒤 다섯 달 만에 심장질환으로 세상을 떠나고 말았다. 알려진 바로는, 그가 마신 커피는 대략 오만 잔에 이른다고 한다. (생각해 보니, 이것도 역시 낭만적이지는 않다.)

애서가의
식생활

18세기 영국 햄프셔에 살던 한 여인이 있었다. 약간의 신경증을 앓던 그녀는 남들과는 조금은 다른 식생활을 고수하고 있었는데, 그것은 매일 아침으로 신약성서 한 장을 뜯어 버터 바른 빵 사이에 넣어 먹는 것이었다. 이 여인은 그렇게 하면 자신의 발작이 가라앉을 것이라 믿었다. 조금은 황당한 이야기로 들릴지 몰라도 이 증상이 '식서가'라는 명칭으로 알려져 오는 걸 보면, 이런 행동을 하던 사람들이 비단 이 여인뿐만은 아니었던 모양이다.

'먹는다'는 것은 이상한 일이다. 동물에게는 먹는다는 것이 단순한 생존 방식일지 모르지만, 인간에게는 그 의미가 뭔가 더 복잡하다. 이를테면, 눈앞에 음식을 두고도 단식을 고집할 수 있는 것은 인간뿐이며, 또 동물 이하의 수준으로 게걸스럽게 탐식하는 것 또한 인간만이 할 수 있지 않은가. 그 이유를 다 알 수는 없지만, 나는 종종 사람들이 음식에 쏟는 돈과 노력, 그리고 맛을 위해 아무리 긴 줄이라도 참고 기다리는 그 의지를 볼 때, 먹는다는 것에는 생존 이상의 의미가 있음을 의심할 수 없다.

"당신이 먹는 것이 바로 당신이다"라는 말도 있듯이 영어 단어인 '테이스트taste'는 '맛을 보다'라는 뜻과 함께 '취향'이라는 뜻으로도 쓰이는 것도 아마 비슷한 이유에서일 것이다.

어디든 남달리 입맛이 특히나 까다로운 사람들이 있는데 그중에서도 특이한 입맛(취향) 때문에 평범한 삶을 살지 못하는 사람들이 있다. 그 예가 예술가들과 예술의 경지까지 추구하는 애서가들이다. 이들은 아무리 배가 고프다고 해도 아무 음식이나 먹지 않는다. 마찬가지로 아무 책이나 읽지도 않는다. 그 지점까지 간 사람들은 누군가를 판단할 때, 그 사람의 책장을 기준으로 삼는 경향이 있다.

물론, 이 민감한 입맛의 소유자들이 원하는 것은 자극적인 맛이 아니다. 오히려 그 반대로 시간이 지나도 상하거나 물리는 일이 없는 날것 그대로의 맛이다. 하지만 그런 맛을 그 누가 알까. 분명 한번 맛을 보면 단번에 알 수 있을 테지만, 어디까지나 상상 속에 있는 맛일 뿐이다. 상상 속에 있지만 포기할 수는 없다. 그래서 취향이 까다로워질수록 배가 더 고파지게 되는 것도 어쩔 수가 없다.

카프카가 폐결핵으로 죽기 얼마 전에 쓴 소설「단식광대」이야기를 보면, 그가 자신의 입맛을 찾기 위해서 얼마나 굶주렸는지 엿볼 수 있다. 이 소설에서 단식광대가 하는 일은 서커스단의 우리 안에 앉아 40일 동안 아무것도 입에 대지 않고 지내는 것이다. 사람들은 이 깡마른 광대를 구경하며 감탄하기도 하고 몇 마디 물음을 던지기도 한다. 그런가 하면, 혹시라도 그가 음식을 몰래 먹을까 싶어 감시하는 사람도 있다. 하지만 사실 그런 감시는 애초에 필요없는 일이었다. 구경꾼들이 모두 떠난 뒤에도 단식광대는 여전히 단식을 계속했으니 말이다. 결국 피골이 상접하여 죽기 바로 직전, 이 단식광대는 자기가 먹을 수 없었던 이유를 밝혔다. "내 입맛에 맞는 음식을 찾을 수 없었어요."

이 처절한 구절을 읽을 때면, 나는 왠지 도르게 카프카의 사망 원인이 폐결핵이 아니라 영양실조가 아닐까 하는 의심을 하게 된다.

여행자의
책

사실, 여행에는 낭만이라고 할 것이 별로 없다. 배가 고프고, 다리는 아프고, 내가 지금 가고 있는 곳이 어디인지 모르겠고, 주위를 둘러봐도 나만 혼자 다르게 생겼고, 이방인이라는 처절한 외로움까지 감내해야 한다. 게다가 작은 도시에서 기차를 잘못 타거나 낯선 숲에서 길을 헤맬 때의 난감함이란, 말도 통하지 않는 외국이기 때문에 몇 배나 더하다. 그런데도 나는 왜 여행을 하는 거지? 스스로 그렇게 물으면서 또다시 나는 다른 도시로 향하는 기차를 기다리고 있다.

동양인 여자애가 혼자 가방(그것도 온갖 언어로 된 책들로 가득한)을 끌고 여기저기 여행을 다니는 걸 보면 사람들은 신기한 눈으로 보기도 하고 또 고개를 절레절레 흔들기도 한다. '참 겁도 없다'는 말은 통과의례처럼 익숙해졌지만, 사실 내가 겁이 없는 건 아니다. 다만 그런 두려움들보다도 더 큰 두려움이 있을 따름이다. 어려서부터 혼자 서재나 도서관에 틀어박혀 있던 시간이 길었던 탓에 밖에서 뛰어놀던 아이들보다 고립된 시간이 많았다. 그래서 나는 혼자 생각하는 시간도 많았지만, 그래 봤자 내가 말할 수 있는 것이란 책에서 읽은 다른 누군가의 생각에 지나지 않았다. 내가 아는 세상은 문자들로 이루어져 있었고 그럴수록 그 세상은 손에 잡히지 않는 비현실이 되어 갔다. 혹시 지금 나는 꿈을 꾸고 있는 게 아닐까. 어느 날 책들 사이에서 그런 두려움이 찾아왔다. 나 자신이 책의 꿈을 꾸고 있는 인간인지, 인간의 꿈을 꾸고 있는 책인지 알 수가 없었다.

하지만 여행을 하는 순간은 그런 두려움으로부터 벗어날 수가 있었다. 그 순간에는 어찌되었든 나는 내 몸을 의식할 수밖에 없다. 온종일 걸어 다니느라 발뒤꿈치가 까지는 고통, 또 빵집에서 새어나오는 어지러울 만큼 고소한 버터 냄새는 감각으로부터 전해 오는 살아 있는 사실이었다. 내가 이곳까지 오지 않았더라면 결코 마주칠 일이 없었을, 한 아일랜드 남자와 나눈 기차역에서의 대화도 내게는 정말 있었던 일이다.

여행하는 동안에는 글을 쓰지 않았다. 아니 쓸 수가 없었다. 그냥 나는 걷고, 보고, 듣고, 느끼기에만 충실했고, 내가 믿을 수 있는 것이란, 그 순간들의 경험이 다였다. 그러다가 또다시 환상이 나를 사로잡으려는 것이 느껴지면 서둘러 다른 도시를 향해 떠났다. 어쩌면 나는 두려움 때문에 도망을 치고 있었는지도 모른다. 하지만 그럴 때마다, 릴케의 말을 떠올리며 위안을 삼았다.

"시인은 벌이 꿀을 모으듯 한평생 의미를 모으고 모으다가 끝에 가서 어쩌면 열 줄쯤 좋은 시를 쓸 수 있을지도 모른다. 시란, 사람들이 생각하듯 감정이 아니기 때문이다. (감정이라면 젊을 때도 충분히 가지고 있다.) 시는 체험이다. 한 줄의 시를 위해 시인은 많은 도시, 사람, 물건 들을 보아야 한다…(하지만) 체험에서 쌓은 추억만으로는 충분하지 않다. 추억이 많으면 그것들을 잊을 수도 있어야 한다. 추억이 되살아날 것을 기다리는 큰 인내가 필요하다. 추억이 내 안에서 피가 되고, 시선과 몸짓이 되고, 나 자신과 구별되지 않을 만큼 이름 없는 것이 되어야, 그때에야 비로소, 아주 가끔, 시 첫 줄의 첫 단어가 그 가운데에서 떠오를 수 있다."

다만 보이지 않는 문자들을 내 온몸을 다해 체험한 후, 언젠가 내 몸에서도 문자가 시처럼 흘러나오게 된다면, 그것이야말로 나에게 현실이 될 거라는 생각을 했다.

바라보는
책 읽기

정말 중요한 것들은 눈에 보이지 않는다는 말이 있다. 분명 맞는 말이긴 하지만, 자연스럽게 아름다운 것들에 눈이 더 가게 되고, 또 눈에 보이는 것이라면 무엇이든 아름답게 만들고 싶은 본능은 어쩔 수가 없나 보다. 아름답다는 것이 뭘까. 여러 철학자들은 이에 대해 수많은 의견을 내곤 했지만, 무엇이 아름다운지는 정의를 내리기 전에 이미 갓난아이라도 알고 있는 본능이다. (그래서 사람들이 미의 원형이나, 미와 진리의 연결점을 찾으려고 했는지도 모르겠다.)

사람들이 흔히 아름답다고 느끼는 것들의 공통점이 있다면, 사람이든 자연이든 아니면 손으로 만든 물건이든 생동감이 있고, 신비로우며, 영원할 수 있다는 환상을 낳는다는 점이다. 무엇보다도 아름다움이 우리 마음을 흔드는 이유는 그것이 움직이고 있기 때문이다. 그래서 이 환상을 공간이나 시간 속에 고정시키려는 순간, 그 아름다움은 사라지고 만다. 마치 사랑이 그러하듯이 말이다.

하지만 그럼에도 환상을 고정시키고 또 소유하려는 사람들의 욕망은 사랑의 욕망과 마찬가지로 계속해서 이어져 왔다. 그 환상이 과도할수록 표현도 화려해졌다. 그래서인지 중세시대의 귀한 필사본을 보면, 궁정풍의 낭만적인 사랑관과 닮아 있다. 마치 기사가 사모하는 여인을 위해 수많은 적을 물리치며 용맹스러움을 증명해 보이듯이, 한 권의 책을 만들기 위해 쏟아붓는 노력은 종교적인 경지에까지 이른다. 마치 진귀한 보물을 제작하듯이, 한 권의 책에 들어갈 가죽을 얻기 위해 열다섯 마리의 송아지가 희생되었고, 필사가들은 밤낮으로 고된 필사 작업을 했다. 책 외관은 다양한 자연 재료에서 추출한 값비싼 물감과 금과 각종 보석으로 치장했다.

그 보기로 유명한 「베리 공의 시도서」를 들 수 있다. 이 책에 붙은 '지극히 수려하고 호화로운' 이라는 수식어가 무색하지 않을 만큼, 책은 지금까지도 최고의 미장본으로 꼽힌다. 베리 공은 프랑스 왕 장 2세의 셋째 왕자로 일찍부터 정치보다는 예술품 수집에 취미를 두었다. (그의 수집품 목록에는 샤를마뉴 대제의 치아, 엘리아가 걸쳤던 외투의 조각, 성모 마리아의 모유 몇 방울, 최후의 만찬에 쓰인 그리스도의 성배 등이 있었다.) 시도서는 때 맞추어 기도하기 위한 책인데, 당시에는 책을 읽는 목적보다는 가문의 위대함을 과시하기 위해 만든 특수 제작물이었기 때문에 서로 경쟁하듯 끝도 없이 화려해져만 갔다. 귀족들의 이런 열정 앞에서는 눈에 보이는 우상을 만

「베리 공의 시도서」

「베리 공의 시도서」 1월 그림. 시도서는 정해진 시간에 맞춰 기도하는 데 쓰는 개인용 기도서로, 형식과 종류가 다양했다. 「베리 공의 시도서」는 달력 형식으로 만들었는데, 당시 생활 풍속도를 정교하고 아름답게 묘사했다.

들지 말라 한, 신의 명령도 소용없었다.

책 모습의 새로운 변화는 루터의 종교 개혁을 가능하게 했던 구텐베르크의 혁명과 함께 시작되었다. 그때부터 일반인들도 읽을 수 있도록 성서가 번역되고 또 널리 보급되면서 불필요한 장식들은 사라져 갔다. 구텐베르크 초기만 하더라도 장식을 하던 관습이 남아 있어 따로 문양을 그려 넣을 수 있도록 여백을 두고 인쇄했지만, 곧 그러한 장식도 사라지고 결국, 문자만이 남게 되었다.

그렇다고 해도, 책은 여전히 눈으로 보며 읽는 것이라는 사실은 변함이 없다. 다만, 변한 것이 있다면 과거의 무거움과 화려함을 벗고 가벼움과 소박함으로 그 모양새가 바뀌었다는 정도이다. 하지만 그렇다고 아름다움이 덜해진 것도 아니다. 단지 이제는 그 아름다움의 조건이 달라졌기에 눈에 보이지 않는 아름다움을 발견하기 위해서는 그만큼 눈이 밝아야 한다는 것뿐이다.

음악을
만드는
책 읽기

지금까지도 음악이 빠진 종교의식이나 축제를 떠올릴 수 없는 것을 보더라도 음악에는 어떤 신성한 힘이 있는 게 분명하다. 우리를 도취시키는 어떤 기운, 분위기를 사로잡는 음악의 순간. 그런데 이 신적인 힘을 이끌어 낸 존재는 누구일까? 인간밖에 없지 않은가?

자연은 무수한 소리를 품고 있다. 그 소리는 분명 음악과는 다르다. 생성과 생장, 생존 활동과 사멸의 순간에 이르기까지 흘러가고 흘러오는 그 모든 소리가 의미 없이 뒤섞인 혼돈이기 때문이다. 하지만 그 혼란 가운데에서 평안과 위안을 가져오는 소리를 마치 채집하듯 찾아내려고 했던 것은 인간이었다. 무질서한 소음 가운데에서 질서의 소리를 구축하려 한 것이다. 그리하여, 비록 그 재료는 자연에서 가져왔지만, 그 소리에는 자연과는 다른 무언가가 있었다. 그곳에는 질서가 있었고 의미가 있었다. 다시 말해서, 음악이 있었다.

책을 쓰는 과정도 이와 닮아 있다. 글을 쓰고 책을 만드는 것은,

음악은 태곳적부터 영혼을 치유하는, 마술적이며 의학적인 힘으로 여겨졌다. 이 모호한 음악의 카타르시스적인 힘을 '숫자'를 통해서 분명하고 형이상학적인 개념으로 바꾸는 데에 공헌한 것은 피타고라스 사람들이었다.
플라톤은 음악의 하모니가 인간을 혼돈과 변화의 세계로부터 존재와 조화의 세계로 이끌어가는 힘이 있다고 믿었다.

소음으로부터 음악을 끌어올리는 것처럼, 소리로부터 말을 만들어 내는 작업이다. 소리와는 달리, 말은 처음부터 존재하는 것은 아니다. 말은 의도에 의해 만들어지기에 의미를 담고 있다. 그것이 소리와 말이 다른 점이다.

의미를 찾는다는 것은 음악을 만드는 것과 다르지 않다. 음악이 흐르는 순간에는 사람들 사이에서 이기심과 폭력이 사그라지고 하모니가 그 자리를 대신했다. 자연이 만들어 내는 죽음이라는 굉음에 맞서, 사람들은 오랫동안 함께 노래를 부르고 춤을 추었다. 마찬가지 이유로 사람들은 책을 만들어 왔다. 그렇기에 책의 시초(서사시)가 음악과 함께였음은 자연스러운 일이다.

음악과 글이 시의 형태로 뒤섞여 있었기에 과거에는 낭독이야말로 책을 읽는 가장 마땅한 방법이기도 했다. 마치 노래를 부르듯 사람들이 함께 모여 낭독을 하는 것이 책의 시초였다. 그리고 그것이 바로 중세 스콜라 철학자, 성 아우구스티누스가 가장 이상적인 책 읽기로 소개한 방법이기도 했다.

당시 글을 읽을 줄 아는 사람들이 흔하지 않았다는 점도 있었지만, 소리 내어 책을 읽는다는 행위는 여러 사람들이 하나가 되는 경험이거니와, 양피지에 기록된 문자들이 되살아나서 그 사람들 사이로 운동하는 경험이기도 했다. 사람들은 이 순간을 성스럽다고 여겼다.

그런 사람들에게 두려운 것이 있다면, 바로 침묵이었다. 그 옛

날, 낭독이 워낙 당연하고 상식적인 독서법이었기 때문에 소리를 내지 않고 읽는 묵독이란 매우 기이한 행위로 여겼다. 아니 기이함을 넘어 '악마의 읽기'라며 두려워했을 정도다.

심지어 성 엠마누엘은 자신의 일기에 이렇게 기록하기도 했다. "오늘은 무서운 것을 보았다. 서재에 들어서니 조카가 소리를 내지 않고 책을 읽고 있었다." 마찬가지로 성 아우구스티누스는 암브로시우스가 말없이 책을 읽는 모습을 보고 충격을 받아 그의 저서 「고백록」에서 다음과 같이 기록했다. "책을 읽을 때 그의 두 눈은 책장을 뚫어져라 살피고 가슴은 의미를 캐고 있지만, 그의 목소리는 들리지 않았고 혀도 움직이지 않았다. 그는 절대로 큰 소리를 내어 글을 읽지 않았다…."

이처럼 입밖으로 내어지지 않은 글은 마음속으로 들어가 어떤 생각을 품게 할지 아무도 알 수 없는 노릇이었다. 하지만 그러한 우려에도 불구하고 구텐베르그의 인쇄 혁명 이후로는 낭독이 아닌 묵독으로 읽기 방식이 전환된 것은 불가피한 일이었다. 물론, 묵독으로 인해 책 읽기는 사회적인 것에서 개인적인 것으로 변해 갔지만, 그렇다고 해서 책의 음악성이 완전히 사라져 버린 것은 아니었다.

이제 사람들은 책을 들고 고요한 골방으로 들어가 귀로 듣는 소리가 아닌, 내면으로 듣는 그 소리를 찾아가게 되었다. 그 속에는 언어화되지 못한 언어들, 소리로 들을 수 없는 소리들, 들을 수 없는 소리를 듣는다는 역설이 있다. 그러면서 알게 되었다. 침묵도 음악의 한 요소라는 것을. 그 침묵 속에서 나는 생각한다. 우리는 아우구스티누스가 우려했던 것처럼 신으로부터 멀어지고 만 것일까. 아니면 한층 더 신에게 가까이 다가간 것일까.

책 냄새의
기억

'책 냄새'라는 단어를 가만히 바라보고 있노라면, 오래전 헌책들 사이에서 보냈던 사춘기의 기억이 떠오른다. 찬란했던 고민의 시절, 그 어느 때보다 절실했던 그때만의 아득한 외로움이 다시 살아나 등줄기를 타고 스멀스멀 올라온다. 매번 그 순간들에는 언제나 책 냄새가 함께 있었고, 그래서인지 누군가에게는 아무런 감흥을 일으키지 않을 '책 냄새'가 나에게는 수시로 '책 기억'과 함께 와르르 달려오곤 한다.

기억과 마찬가지로 냄새에는 어딘지 모르게 거친 느낌이 있다. 솔직히 냄새라는 단어는 아름답지도 않다. 그에 비하면 향기라는 단어는 얼마나 감미로운가. 향기는 대체로 밝고 행복한 기운을 불러일으킨다. 그래서 향수의 이름만 보더라도 '밤의 노래'나 '검은 나르시스' 같이 듣기만 해도 이미 신비롭고 환상적인 단어들이 총동원된다. 아마 그래서 예전부터 향기는 신의 것으로 취급되었나 보다. 신화에 따르면, 미의 여신 아프로디테에게서 장미 향이 난다고 했던 것처럼, 향은 원시시대부터 종교의식에서 인간을 도취시키고 신을 부르기 위해 사용되었다.

하지만 인간은 어떤가? 인간에게서는 향기가 피어 나오는 게 아니라 냄새가 풍긴다. 며칠이라도 씻지 않으면 벌써 몸 여기저기는 무언가 썩어 가는 냄새로 민망해질 지경이다. 이 냄새는 우리가 신이 아닌 인간임을 끊임없이 연상시키는데, 아마도 그것을 인정하고 싶지 않은 마음에 문명이 발달할수록 향수 제조 기술도 같이 발전했는지도 모르겠다.

그렇지만 냄새에는 어떤 힘이 있다. 향기에는 없는 이 힘은 오히려 중제되지 않은 날것의 느낌에서 온다. 그래서 나는 종종 향기가 기억이라면 냄새는 추억에 가깝지 않을까 하는 생각을 해 본다. 마치 세상에는 좋은 기억은 있어도 좋기만 한 추억이란 건 없듯이, 추억은 어느 정도의 회한과 이해할 수 없는 온갖 감정들이 뒤섞여 오랜 시간 숙성된 이후에야 떠오른다. 그런가 하면, 추억이 찾아올 때는 또 어떤가. 마치 냄새처럼 예고도 없이 제멋대로 풍겨 와서는 사람을 당황하게 한다. 작고 예쁜 병에 곱게 담겨 있는 향수와는 다르다.

마르셀 프루스트의 초상. "마들렌 한 조각에서 느낀 맛에 순간 과거 전체가 시간을 뛰어넘어 본질 그 자체로 작가의 기억 속에서 부활하게 된다." —「잃어버린 시간을 찾아서」

냄새가 종종 잊혀졌다고 생각했던 깊은 기억에까지 침투할 수 있는 이유는, 후각이 무의식에 가장 가까운 감각이기 때문이다. (그래서 이성을 추구하는 시대일수록 후각을 저급하게 여긴다.) 냄새는 의식하지 않은 상태로 받아들여지기 때문에 그 순간의 기억들은 무의식의 깊은 곳까지 들어가 자리를 잡는다. 먼 훗날, 같은 냄새가 풍겨 왔을 때 모조리 되살아나기 전까지 말이다. 그렇게 해서 프루스트의 유명한 문장처럼, 마들렌을 입에 넣는 순간 어린 시절의 행복감이 일제히 몰려오는 그 경험도 가능하게 되는 것이다. 하지만 여기에 문제가 있다. 냄새가 무의식과 가까운 탓에 의식할 수 없는 욕망까지도 건드리고 만다는 점이다. 여기에는 아무리 의식적인 사람도 예외가 없다. 냄새에 이성을 잃었던 인물로는 나폴레옹이 있다. 전쟁터에 나갈 때에도 어김없이 도서관 마차를 끌고 다닐 정도로 애서가였는데, 그 또한 냄새에는 본능적으로 반응하는 사람인지라 집으로 돌아갈 때가 되면, 자신이 열렬하게 사랑했던 비천한 여자 조세핀에게 이런 편지를 썼다. 나는 지금 당신에게 가고 있으니 절대로 씻지 마시오.

유명한 소설 「롤리타」에 나오는 마흔 살의 문학연구가 험버트 또한 냄새 때문에 이성을 잃고 만 인물이다. 만일 롤리타에게서 훔쳐 바른 엄마의 분 냄새와 밀크 비스킷 냄새가 동시에 나지 않았더라면, 그 또한 열두 살 어린 소녀에게서 욕망을 느낄 일이 없었을지도 모른다. 문제는 여자의 유혹적인 냄새와 어린아이의 천진함이 뒤섞인 이 냄새가 건드린 욕망이었고, 그것이 '냄새'였으므로 그 또한 어쩔 수 없었던 것이다.

어쩌면 내가 그토록 책방을 찾아 들어가는 것도 그래서인가 보다. 곰팡이 슨 눅눅한 종이 냄새, 퀴퀴한 지하 서가의 냄새, 흙을 적시는 비의 냄새, 순수한 정신을 갈망했던, 서늘한 기운에 몸을 떨었던 아득한 기억들은, 히말라야의 지하 도서관 속에서도, 차링 크로스에서 비를 피해 우연히 뛰어 들어간 헌책방 속에서도 어김없이 맡을 수 있다. 그곳이 어디든 책 냄새를 맡으면, 나도 모르게 마음이 동요된다. 아프로디테의 장미 향이 아무리 아름답다 한들, 나는 이 냄새와 바꾸고 싶지 않다.

야한 책
효과

1960년 영국에서는 기이한 재판이 열렸다. 법정에 유명한 시인, 비평가, 영문학자, 성직자 등 35명에 이르는 배심원들이 모여 있었다. 그리고 검사는 이들에게 소설「채털리 부인의 연인」무삭제판을 나눠준 뒤, 책 흐름에 섹스 장면이 꼭 필요한지 판단해 보라고 했다. 그러자 이 배심원들은 지정된 자리에 각자 떨어져서 책을 읽었다. 한동안 시간이 흐른 뒤, 이들은 '지나친 감은 있지만 필요한 장면'이라는 결론을 내렸다. 소설이 처음 쓰인 지 32년이 지나고 나서야 처음으로 원본 그대로 출판이 허용되는 순간이었다.

사실, 이 소설이 야하긴 하지만 사람들이 흔히 생각하는 '야설'은 아니었다. 로렌스는 당시 서구 사회의 문제를 폭로하려는 방식으로 적나라한 섹스 장면과 거친 언어를 선택했다. 그 이유는 유럽인들이 정신적인 것을 지나치게 추구한 나머지 오히려 그 정신이 경직되어 버렸다고 보았기 때문이다. 그래서 그는 소설에서도 성적으로 무능한 지식인 남자와 강한 육체를 가진 노동자를 대립시켜 보여주었다. 물론 당시 고매한 사회는, 의학 용어나 포르노그래피에서만 성적인 표현을 사용하고 있었기에 이 소설을 도무지 문학 작품으로 받아들일 수가 없었다.

그랬던 탓인지, 이 책은 출판부터가 우여곡절의 연속이었다. 먼저는, 원고를 책으로 옮기기 위해 고용한 여성 타이피스트들이 단 몇 장을 치고 나서는 기겁하며 작업을 거부했기 때문이다. 도덕적으로 더러운 글을 옮겨 쓸 수 없다는 것이 그 이유였다. 그리하여 결국, 초판은 영어를 모르는 이탈리아로 건너가 제작되었는데, 다행히도 이탈리아는 이런 일에 비교적 관대했던 모양이다. 이 일을 맡은 이탈리아의 조판공은, 책의 내용이 섹스에 관한 소설이라는 말을 듣자 "그런 건 날마다 하는 게 아닌가"라고 말했을 뿐이다.

「채털리 부인의 사랑」

책이 제작되었어도 문제는 여전히 남아 있었다. 몇몇 점잖은 서적상들은 책 내용을 보고 그대로 반품 처리를 했다. 게다가 정부에서 음란물로 판정되어 판매 금지 조치가 내려지기까지 했다. 하지만 정작 야한 책 효과가 발휘되기 시작한 것이 이때부터였다. 사람들은, '얼마나 야하길래?' 하는 호기심을 참지 못해 몰래 해적판들을 구하기 위해 혈안이 되었다. 법이고 뭐고 사람들 사이에서는 불법 판본이 날개 돋친 듯 팔려 나갔다. 심지어 어떤 일화에 따르면, 어느 서점 주인이 단속을 나온 경관에게 이 책을 주면서 처벌을 무마한 적도 있다고 한다. 결국 로렌스의 전략이 들어맞은 셈이다.

오늘날 20세기 최고의 문학 작품으로 꼽히는 제임스 조이스의 소설 「율리시즈」도 잔뜩 경직된 사회에서 이해받지 못하기는 마찬가지였다. 이 소설에 등장하는 성에 대한 노골적인 묘사와 배설물을 포함한 금기의 요소들 탓에 선뜻 그의 책을 출판하겠다는 출판사를 찾을 수도 없었다.

그래서 「율리시즈」는 영국이 아닌 프랑스에서 한정 수량을 찍어 냈는데, 그마저도 미국 법원이 수입 금지 조치를 내린 탓에 500부가 불에 태워지고 말았다. 제임스 조이스는 심지어 벌금을 내야 했다. 이 책이 결국 오명을 벗게 된 것은 10년이라는 세월이 지난 뒤였다. 당시 재판을 맡은 오거스터스 핸드 판사는, 이 책에 나오는 적나라한 표현들에도 불구하고, 책의 주된 목적이 성욕을 불러일으키려는 것이 아니기에 음란물로 취급할 수 없다는 판정을 내렸다. 비단 「율리시즈」뿐만이 아니라, 블라디미르 나보코프의 「롤리타」, 헨리 밀러의 「북회귀선」, 볼테르의 「캉디드」도 그랬다. 한때는 음란물로 취급받았지만, 지금은 버젓이 문학 작품으로 대학의 필수 교재가 된 예는 얼마든지 찾아볼 수 있다.

「롤리타」처럼, 시대의 몰이해로 한때 음란물로 묶였다가 뒤에 훌륭한 문학 작품으로 재평가된 책이 적지 않다.

문화라는 이름으로 관념적인 이상을 추구하다 보면, 본능을 억누르고 마는 오류를 저지르기가 쉽다. 스스로 문화인이라고 여기다 보면, 인간적인 면을 부정하려 들 때도 많다. 하지만 이탈리아 식자공의 말대로, 인간이라면 누구나 하는 자연스러운 행동일 뿐인데 그 일들을 글로 표현했다고 해서 경악스러운 사건이 되고 마는 건, 아마 문화가 제도화되고 만 탓이 아닐까. 심리학자들은 예술가들을 가리켜 성욕을 예술로 승화시키는 사람들이라고 정의한다. 하지만 예술에 대해 무지한 사람들은 예술마저도 성욕으로 변질시키려는 심리가 있는가 보다. 예술 작품을 두고 외설이라고 과민반응을 보이는 이들은 스스로를 검열의 주체로 보았을지 모르지만, 사실은 예술을 외설로 읽는 순간 검열당한 쪽은 오히려 이들이었다. 그래서인지 억압이 심한 사회일수록 야한 책 효과는 더욱 힘을 발휘한다.

영혼의
치유책

아주 먼 옛날부터 사람들은 이야기 속에 치유의 비밀이 있다는 걸 알고 있었다. 어떻게 그럴 수 있는지 다 이해하지는 못해도 이미 고대 그리스 아리스토텔레스 시절에도 이야기 속에는 듣는 사람의 감정을 정화시키며 위안과 치유를 가져오는 카타르시스 효과가 있다고 말했다. 증세에 들어서도 마찬가지다. 알렉산드리아 도서관은 '마음의 약'이라는 이름으로 불렸고, 중세 도서관들 중에서도 '영혼의 시약소'나 '영혼의 치유소'라는 표지를 쉽게 찾아볼 수 있다.

책을 읽는 것이 우리 생존에 직접적인 영향을 미치지는 않지만, 그럼에도 지치지 않고 계속해서 이야기를 하고 또 찾아다니는 걸 보면 아마도 다른 조건으로도 만족시킬 수 없는, 우리 안에 있는 상처를 치유하려는 본능이 있는 건지도 모르겠다. 그런데 흔히들 생각하는 것과 다르게 정작 우리가 위로를 받는 이야기는 모든 일이 완벽하게 들어가는 이상적인 이야기가 아니라 고통스러운 삶을 그대로 드러내는 거친 이야기들이다. 이 사실은 이야기의 시초를 거슬러 올라가보면 더욱 분명히 알 수가 있다.

지금까지 발견된 그림 중 가장 오래된 것으로 알려진 알타미라 동굴의 들소 벽화를 떠올려 볼 수 있다. 이 그림을 그린 사람은 사냥을 하다 불구가 되었거나 태어나면서부터 온전하지 못한 몸을 가졌으리라 추측할 수 있다. 때문에 그는 다른 남자들이 사냥을 하러 가는 동안 동굴 안에 남아 있어야 했다. 아마도 그는 부족 내에서 불필요한 사람으로 취급받았을는지도 모르겠다. 하지만 그는 다른 건장한 남자들이 들소를 쫓는 동안, 홀로 동굴에 남아 들소를 그렸다. 그가 하는 일은 소의 영혼을 잡는 것이었고, 또 그렇게 해야 실제로 들소를 잡을 수 있으리라고 믿은 것이다.

영혼의 문제를 담당했던 또 다른 사람들이 이야기꾼(시인)이었다. 마찬가지로 이들은 뒤에 남아 사냥과 전장에 나가 용맹하게 싸우는 영웅들의 이야기를 만들었다. 어쩌면 그 누구보다도 더욱 절실하게 영웅이 더 필요했기에 더욱 사실적으로 그 이야기를 해낼 수 있었던 걸까. 사람들은 영웅에 대한 이야기를 듣기 좋아했고, 그 이야기 속에는 주술처럼 마음에 용기를 실어 주는 힘이 있었다.

이야기 속에는 여러 모습의 영웅이 등장한다. 어떤 영웅은 모든 적을 물리치며 승리를 거듭한다. 그런가 하면, 또 어떤 영웅은 운명의 장난으로 비극적인 최후를 맞이한다. 오이디푸스는 자신의 의지와는 달리 아무 것도 모른 채 아버지를 죽이고 어머니와 결혼을 한다. 햄릿은 살 것인지 죽을 것인지 의문 속에 사로잡힌 채, 계략에 빠져 목숨을 잃는다. 예수 그리스도는 십자가를 짊으로써, 세상을 다 주겠다는 사탄의 유혹을 물리친다. 이들이 과연

'영혼의 치유소'라는 이름이 붙은 스위스의 상트 갈렌 수도원 도서관. 천국의 모습을 한 '영광의 홀'에 들어서는 순간 세상에서 벗어난 듯 신비로운 위안이 찾아온다. 이 도서관의 유명한 소장본으로는 금과 보석으로 치장한 초기 성경책(보험금 1억 유로), 22kg이나 되는 대형 미사 악보, 양피지에 쓴 최초의 로마 여행 안내서 등이 있다. 스위스에서 가장 오래된 도서관이자 유네스코 지정 세계문화유산이다.

영웅이라고 할 수 있을지는 모르겠다. 하지만 사람들이 카타르시스 효과를 체험하는 것은 비극적인 이야기에서이다.

달콤한 위로의 말은 어차피 얼마가지 못한다. 고통의 실체를 마주하기 위해서는 고통 속으로 파고 들어가야 하기 때문이다. 만일 책을 통해서 치유가 가능하다면, 그것은 책 속에 그 고통의 과정이 오롯이 기록되어 있기 때문이다. 그렇지 않고는 위안을 줄 수 있을지 몰라도 치유를 줄 수는 없다. 왜냐하면 고통만이 우리를 순수하게 하고, 고통만이 우리를 변화시키며, 고통만이 우리를 고통에서 구출해 내기 때문이다.

우리는 누구나 어떤 식으로든 불구의 모습을 가지고 있다. 그래서 누구 할 것 없이 자신의 어둑한 동굴 안에서 들소의 뒤를 쫓고 있다. 다른 짐승들과는 달리 유독 인간에게만 창조의 열망과 초월에의 의지가 이렇게 강한 것 또한 태생적으로 불구인 탓일 것이다. 그래서 우리는 끊임없이 이야기를 하고 또 한다. 어쩌면 되풀이되는 내용이지만 계속해서 하게 되는 이유는, 우리는 여전히 불구이지만, 운명에 맞서 이기려는 의지가 그 속에 있기 때문이 아닐까.

연애하는
뮤즈들

한 사람에게 연련해서는 안 된다. 설령 그 사람이 가장 사랑하는 사람일지라도 말이다. 모든 사람은 감옥이며 또한 흐미진 구석의 모퉁이다. – 프리드리히 니체.

내가 읽어 본 작가들 중에서 결코 사랑에 빠지지 않을 것 같은 사람을 꼽는다면, 단연 니체이다. 책의 어느 부분을 펼치더라도 그의 단단한 문장에서는 타협하지 않으려는 의지가 넘쳐난다. 그는 그 누구도 말릴 수 없는 독립적인 사람이었다. 독립적인 사람은 누군가에게 빠져 애정을 갈구하는 일은 없을 것이다 하지만 그 당당했던 니체마저도 루 살로메 앞에서는 무너져 내렸다. 그는 어처구니없이, 자기가 그토록 신랄하게 비난하던 실수를 저지르고 말았다. 루 살로메를 처음 만난 순간, 니체는 그녀에게 말했다. "대체 어느 별이 우리의 만남을 도운 걸까요." 아, 그 순간 세기의 이단아, 망치를 든 철학자 니체는 사라지고 더듬더듬 어설픈 '작업 멘트'를 늘어놓는 어수룩한 남자만 있을 뿐이었다.

니체, 프로이드, 릴케 등 당대 지성인들을 사로잡은 루 살로메. 그녀와 연애하면 반년 안에 최고의 작품을 쓰게 된다는 루머가 돌 정도로 많은 이들에게 뮤즈의 여신이었다.

사랑하면 미치는 걸까? 아니면 미치지 않으려 사랑하는 걸까? 어느 편이든 사랑에 빠지는 순간만큼은 이성적인 태도를 유지할 수 있으리라는 기대는 버리는 편이 낫다. 게다가 이 사건은 예고도 없이 제멋대로 찾아왔다가 제멋대로 사라지지 않던가. 하지만 바로 그 점 때문에 우리는 사랑에 관심을 갖는 게 아닐까. 사랑의 스캔들은 언제나 우리의 귀를 솔깃하게 한다. 나만은 예외라며 피해 갈 수 있는 사람은 그 어디에도 없기에 그만큼이나 흥미진진하다. 물론, 누구보다도 작가들에게 있어서 이 사랑의 스캔들은 인생의 필수다. 아무리 논리적인 글을 쓰는 사람이라 해도 마찬가지다. 괴테는 일흔 살이 되어서도 열여덟 살 꽃다운 소녀와 열렬한 사랑에 빠지고, 카프카는 결코 만날 수 없는 유부녀에게 밤마다 편지를 썼다. 그런가 하면, 단테에게 평생토록 영감을 주던, 베아트리체는 이른 나이에 세상을 떠났으니, 작가들의 사랑은 대부분 전형적인 해피엔딩과는 거리가 멀다. 하지만 어차피 해피엔딩은 환상이 아닐까. 사랑은 끝임없는 갈등을 일으킨다. 하지만 사랑이기에 사소한 것에도 의미를 부여하고, 사랑이기에 이해할 수 없는 것도 어떻게든 이해하려는 의지를 낳는다. 사랑이 아니고서야 누가 이런 번거로운 일을 하겠는가.

내가 책을 읽기 시작한 것도 어쩌면 사랑을 이해할 수 없다는 절망감에서 비롯된 것 같다. 수많은 의문의 근원을 따라가 보면 결국엔 그 하나의 질문에 도달했다. '그렇다면 도대체 사랑이 뭐란 말인가?' 하지만 어느 순간부터 나는 사랑을 이해하기 위해서 책을 찾는 일을 그만두었다. 사랑은 책에서 배울 수 있는 것이 아니라, 다만 사랑을 할 때 책을 좀 더 이해할 수 있게 될 뿐이었다.

3 헌책방 풍경

"쿠빌라이 칸은 마르코 폴로의 도시들이 서로서로를 닮았다는 사실을
깨달았다. 마치 이런저런 도시의 풍경은 여행이 아니라
기본 요소들의 교환과 관련이 있는 것 같았다.
이제 칸은 머릿속으로 마르코가 그에게 묘사했던 모든 도시에서부터
자기 나름대로 출발을 했다. 그래서 도시를 조각조각 분해하고,
그 재료를 다른 것으로 대체하고 옮기고 뒤바꾸면서
전혀 다른 방식으로 도시를 다시 건설했다."
이탈로 칼비노의 「보이지 않는 도시」 중에서

지금까지 나는 수많은 도시들을 거닐며, 다른 빛깔의 눈을 하고, 다른 피부색을 가진 사람들의 알 수 없는 언어들 사이를 배회했고, 그러면서 내가 사는 세상이 얼마나 낯선 곳인가를 생각했다. 하지만 아무리 낯선 거리를 걷더라도 Books, Bücher, Livres라는 간판이 달려 있는 책들이 가득한 가게의 문을 열고 들어서는 순간, 그 생각은 눈 녹듯 사라지고 만다.

그곳이 어느 나라이든 상관없이 서점에 들어서는 순간 내 눈앞에는 어김없이 낯익은 광경이 나타난다. 책장에 가지런히 진열되어 있는 책들과 익숙한 이름의 작가들 그리고 여기저기 서서 책을 읽고 있는 사람들은 왠지 모르게 낯이 익었고, 그래서 더욱 반가운 곳이기도 했다. 오랜 여행으로 쌓인 피로도 그 안에 들어가 가방을 내려놓는 순간, 조금씩 풀리는 것을 느꼈다.

그러다 보니, 나도 모르는 사이에 수많은 서점을 다니게 된 것 같다. 물론 이제는 그 모든 장소가 조각조각으로만 기억나지만, 책들의 공간 안에서 나를 사로잡았던 감정만큼은 날이 갈수록 선명해진다. 이제는 세계 곳곳에 흩어진 이 모든 장소가 점차 하나의 비유로 뭉쳐져 가고, 마치 한 장면의 그림이 그려지듯 내 안에 생겨나기 시작한다. 그곳은 시간도 장소도 사라진, 꿈처럼 편안한 공간이었다. 아마도 책과 어린 시절을 보낸 사람들이라면 그 누구든 마음 한켠에 하나씩은 가지고 있을 그런 곳이었다.

수집가들의
페티시

한번은 기이한 이야기를 들은 적이 있다. 혼자 사는 어떤 여인이 일상이 외로운 나머지 집에 두고 있는 여자 인형에게 말을 걸기 시작했다. 그러다 보니 자기도 모르게 이런저런 이야기도 하게 되고 해서 마치 살아 있는 아이인양 그렇게 애정을 주었는데, 그러던 어느 날 믿을 수 없는 일이 일어났다. 갑자기 인형의 머리에서 머리카락이 자라기 시작하는 게 아닌가!

좀 끔찍한 이야기기는 하지만 완전히 허무맹랑하지만도 않다. 옛사람들은 우리가 무엇엔가 정성을 쏟으면 그 안에 생명력이 들어간다고 하지 않았던가. 그리고 혼신을 다해 만들어 낸다는 말이 있듯, 어쩌면 예술가들이 하는 작업도 이런 류인지도 모른다. 그리고 누군가 이 작업에 성공해서 작품에 혼을 불어넣으면 어느 순간, 이 혼이 우리에게 도리어 말을 걸어와서 당황하게 하기도 한다. 예전부터 사람들이 나무든, 돌이든, 아니면 깎아 만든 형상이든, 어떤 사물에 생명이 깃들어 있다고 여기며 숭배해 온 것이 페티시fetish인데, 페티시가 숭배되는 이유는 그 안에 있는 영적인 힘이 그것을 소유한 사람에게 신비로운 힘을 주리라 믿었기

"진정한 수집가에게는 오래된 책을 한 권 입수한다는 것은 그 책이 다시 태어나는 것과 마찬가지다. 이것이야말로 한 사람의 수집가에게서 찾아볼 수 있는 노인 같은 요소와 공존하는 어린아이 같은 요소다. 마치 어린 시절 우표나 구슬, 나비, 동전 따위를 모아 자기만의 세상을 만들며 놀기를 즐기던 어린아이들처럼, 수집가들이란 혼돈의 세상에서 질서를 발견하려는, 그래서 자기의 세상을 만들고, 또 그 안에 살고픈 사람이다." — 발터 벤야민 때문이다. 물론 이런 이야기가 단지 무지했던 과거 무속 신앙의 흔적이며 책을 읽을 정도의 사람들이라면 이런 비이성적인 믿음과는 거리가 멀 것으로 생각하기 쉽다. 하지만 재미있는 건 사실 그 누구보다도 페티시적 성향이 강한 사람들이 애서가들이라는 점이다.

괴테의 소설 「젊은 베르테르의 슬픔」만 보더라도 우리는 이 뛰어난 지성인 베르테르가 어떻게 해서 페티시의 극치를 보이게 되는지 알 수 있다. 슬픔의 발단은 로테라는 이미 약혼한 몸인 여인에게 대책 없이 빠져버리면서 부터이다. 이룰 수 없는 사랑의 열병을 앓던 베르테르는 그리움만 키우다가 끝내는 그녀의 모든 것을 숭배하기에 이른다. 그녀를 볼 수 없을 때에는 그녀를 만나고 온 하인을 보고 덥석 안으려고 하지를 않나, 그것도 모자라 하인의 윗도리 단추, 외투의 깃까지도 신성하게 여긴다. 왜냐하면, 그 물건들에 로테의 시선이 닿았을 테니깐. 물건들에 대한 집착은 그가 죽어서도 끝나지 않는다. 권총으로 자살하면서 그는 마지막으로 부탁한다. 로테와 처음으로 춤을 출 때 입은 푸른 연미복을 입혀 달라는 것과 그녀가 선물한 분홍빛 리본을 넣어 같이 묻어 달라고.

고서적상 앞 쇼윈도에서 한참이나 서성이고 있는 애서가들을 볼 때, 나는 종종 이런 눈빛을 발견한다. 이들은 지금 많은 시간을 살아 내고 기이한 기억들을 담고 있는 숭고한 생명체와 교감하는 중이다. 물론 그 앞을 무심코 지나치는 대부분 사람들에게는 그저 오래된 책들에 불과하지만. 애서가들은 (특히나 수집가들은) 다른 마니아들이 그렇듯 세상을 다르게 본다. 그래서 그 세상을 볼 수 있는 사람들만의 세계가 있고, 그 안에서 통하는 언어들이 있다. 물론, 중세 이탈리아 필사본이냐, 20세기 영문학이냐 등 그 안에서도 관심사가 다르겠지만, 아마 웬만큼 도서 수집에 관심이 있는 사람이라면, 런던의 희귀본업자 릭 게코스키Rick Gekoski의 이름이나 그가 가진 도서 보유 목록 정도는 꿰고 있을 것이다.

릭 게코스키는 옥스퍼드에서 영문학을 전공하던 무렵부터 학교 근처 헌책방에서 책을 사고팔면서 재미를 보곤 했다. 훗날 영어 강사 일을 하기는 했지만, 부업처럼 이어가던 고서적 수집과 판매만 하지는 않은지라 아예 희귀본 거래업자로 나서게 된다. 그런 삶은 애서가들의 로망이기도 하지만, 그의 도서 보유 목록은 언제나 수집가들의 관심을 끈다. 그중에는, 이슬람 사회를 뒤집어 놓고 수많은 이들의 목숨을 앗아간 「악마의 시」의 초판본(심지어 저자의 서명이 되어 있다), 20세기 최고의 소설 제임스 조이스의 「율리시스」 초판본 750부 중 제1호, 남편과의 불화 끝에 스토브에 머리를 넣고 자살한 여류 시인 실비아 플라스Sylvia Plath가 그녀의 남편 테드에게 헌사한 「거상」의 초판본, 버지니아 울프(Adeline Virginia Woolf)와 래너드 울프 부부가 출판한 T.S. 엘리엇의 「시들」이 포함되어 있다. (만일 이 목록을 읽는 순간 가슴이 두근거렸다면, 혹 당신도 책 페티시가 있는지 한번 의심해 볼 일이다.)

수집가들이 책을 책 이상으로 대하는 건 분명 이성적이라고만 할 수 없는 행동인지라 정신과 의사 노먼 와이어 또한 이들이야말로 무절제하고 과도한 욕망을 지닌 사람들이라고 진단했다. 그의 말에 따르면, 애서광들은 책 한 권을 구하려고 온갖 위험을 무릅쓰는 것은 물론이려니와, 온 세계를 돌아다니거나 심지어 원하는 책을 손에 얻기 위해서라면 마음에도 없는 결혼까지 하고도 남을 사람이다.

하지만 어쩌겠는가. 어떤 고서적상의 말에 따르면, 수집가들이 유명 고서점의 보유 도서 목록을 읽으며 느끼는 흥분은 다른 사람들이 스릴러물을 읽을 때와 유사한 강도라고 할 정도니 말이다. 이들에게 그 어떤 독서도 이보다 신속하고 감동적인 효과를 일으키지는 못한다니, 대체 어느 제정신인 사람이 이들을 이해할 수 있겠는가. 수집가들에게 책은 수많은 기억을 지닌 채로 생생하게 살아 숨 쉬는 생명체이다. 물론 살아 있기에 애정을 쏟게 되는 건지, 애정을 쏟기에 살아나게 된 건지 알 수 없지만, 어느 편이든 수집가들이 영혼을 가진 사람 대하듯 책을 대한다 해서 딱히 부끄러운 일은 아니지 않은가. 그렇게 해서 자신 또한 영혼을 가졌다고 생각할 테니 말이다.

순결한 책과 헌책,
초판과 절판,
유일본

나는 순결주의자였다(적어도 책에 관한 한.). 그래서 이따금 갓 출판되어 나온, 그 누구의 손도 거치지 않은 순결한 책을 손에 넣고 빳빳한 종이를 넘기며 잉크 냄새를 들이쉬는 흥분을 느껴야 쌓인 게 해소되곤 했다. 그리고 이런 유별난 성격은 또다시 책을 과도하게 보호하는 경향으로 이어졌다. 이를테면, 천으로 감싸지 않고 가방에 집어넣는 일은 없었을 뿐더러 책에 밑줄을 치거나 귀퉁이를 접어 표시하는 일은 나로서는 더더욱 상상할 수 없었다. 옷장은 정리하지 않아도 책장만큼은 습기가 차지 않는지, 햇빛이 너무 많이 비추지 않는지를 일일이 신경 써서 확인했다.

물론 이런 과도한 애착 때문에 이상한 사람으로 추급받기도 했는데, 이것은 수집가들에게서 흔하게 찾을 수 있는 결벽증이다. 이러한 약점을 아는 고서적상은 한껏 배짱을 부리게 마련인데, 이를테면 헤밍웨이의 책 「세 편의 단편과 열 편의 시」가 한 경매에 나왔을 때에는 130달러에 불과했지만, 뉴욕에서 열린 또 다른 경매에서는 무려 72,000파운드에 낙찰되었다는 사실! 이 두 책의 차이라면, 후자는 문구점에서 파는 비닐로 싸여 보관한 탓에 80년의 세월을 감쪽같이 견뎌냈다는 점이었다.

책 수집가들의 이런 특이한 증상은 다른 골동품 수집가들과는 차이가 난다. 이를테면, 가구나 악기는 시간이 흐를수록 자연스럽게 나타나는 윤기와 흔적이 오히려 가치를 더하기도 하지만, 책만큼은 다르다. 책은 소장 가치를 위해서라면 최대한 순결한 상태를 유지해야 한다. 책을 본다는 행위가 워낙에 감각적이라서 그런 걸까? 왠지 모르게 애서가들의 이러한 행태는 마치 여자를 대하는 남자를 연상시키며 사랑에 빠진 남자들이라면 보일 듯한 증상을 나타내곤 한다. 그래서 책 수집가들이 대부분 남자들이라는 말도 있다.

남자들이 갖기 어려운 여자일수록 애를 태운다는 심리는 누구나 아는 바이다. 마찬가지로 수집가들은 귀하디귀한 초판이나 한정본에 집착한다. 그 책의 가장 순수했던 시절, 훗날 미치게 될 영향 등을 알지 못한 채 등장한 첫인상인 초판본은 그 어떤 판본과도 가치를 비교할 수가 없다. 한정판도 마찬가지다. 게다가 일련번호까지 매겨져 있는 경우라면, 그 책을 소유하는 것만으로도 자기 자신이 특별한 사람이 되는 듯한 기분을 일으킨다.

그런가 하면, 절판본은 또 어떤가. 이 책이 세상에 두 번 다시 나오지 않을 거라는 불안함은 두 번 다시 이런 사랑도 없으리라는 안타까움과 함께 뭇 애서가들의 소유욕을 발동시키기 충분하다. 이렇듯 귀하면 귀할수록 그 가치가 높아진다면 아마도 로망의 극치는 유일본이 될 것이다. 세상에서 유일한 한 권. 한 사람 이외에 그 누구도 가질 수 없는 책은 마치 자신이 절대자가 된 듯한 환상을 불러일으킨다.

이러한 이유 때문에 과거에는 유일본에 미쳐서 살인을 저지른 사람까지도 있었다. 악명 높은 애서광 19세기의 에스파냐 수도사였던 돈 빈센테이다. 그의 일화는 책에 미치든 사랑에 미치든, 어쨌든 사람이 미치면 얼마나 위험해지는지 잘 드러내고 있다. 적어도 미치기 전까지 돈 빈센테는 수도원에서 장서를 관리하던 평범한 사람이었다. 순수하게 책을 좋아하고 가까이했을 뿐이다. 그런데 그가 외로운 수도원에서 책과 시간을 보내는 일이 많아지면서 점차 그 마음은 집착으로 바뀌기 시작했다. 그러던 어느 날, 수도원에 도둑이 들어 금은보화와 희귀본 책을 훔쳐 달아나는 일이 일어났다. 그 도둑은 끝내 잡히지는 않았지만, 사람들은 얼마 뒤 수도원을 나와 바르셀로나에 고서점을 차린 빈센테를 의심했다.

고서점을 운영하면서도, 그는 정작 책을 팔기보다는 수집하는 데에 관심을 두었다. 그래서 각별히 소중하게 여기는 책들은 자기 서재에 꼭꼭 숨겨 두었고, 희귀본 경매가 나올 때마다 누구보다 먼저 달려가곤 했다. 그러던 중 그의 마음을 사로잡은 책이 있으니, 바로 에스파냐 최초의 인쇄업자인 람베르트 팔마르트가 1482년에 펴낸 「발렌시아 칙령과 포고령」이었다. 게다가 이 책은 세계에 단 한 권밖에 남지 않은 유일본이기까지 했다.

물론, 주위에 이 책을 탐내는 사람은 그 혼자만이 아닌지라 아예 경매가 시작되기 전부터 시내 서적상들은 이 책을 누가 매입할지 먼저 모여 논의했고, 결국 아우구스티노 파트호트라는 고서적상에게 표를 몰아주기로 합의를 보았다. 돈 빈센테는 손쓸 겨를도 없이 일어난 일이었다. 그런데 사흘 뒤, 마을에 끔찍한 사건이 일어났다. 파트호트의 서점에 불이 나서, 주인은 죽고 책들은 불타 없어졌다.

그러나 이 사건은 이후에 이어질 끔찍한 사건들의 서막일 뿐이었다. 이때부터 사제, 시의원, 시인, 판사 등 여기저기에서 사람들이 죽어 갔다. 피해자들 사이에는 그 어떤 연관도 없었고, 하나같이 누구에게 원한을 살 만한 사람들이 아니었다. 다만 공통점이 있다면 부유하고 학식이 있으며, 무엇보다도 귀한 책들을 소장하고 있었다는 점이다.

결국, 살인 용의자로 지목된 사람은 돈 빈센테였다. 평소 이해할 수 없는 거친 행동이나 책 경매가 있던 날 파트호트에게 화를 냈던 일 등 의심받을 이유야 여러 가지가 있었지만, 결정적인 증거물이 있었다. 「발렌시아 칙령과 포고령」이 그의 서가 맨 꼭대기에서 발견된 것이다. 그 누구도 부인할 수 없는 이 단서 앞에서, 돈 빈센테는 더는 자신의 결백을 주장할 수 없었다. 결국, 그는 자기 책들을 소중하게 보존해 준다면 자백하겠다고 응한다.

그러나 불행 중 다행인지, 다행 중 불행인지, 돈 빈센테의 변호사는 능력 있고 열정적인 사람이었던지라 그 와중에도 이 불쌍한 애서광을 구해 낼 방법을 찾아 백방으로 뛰었다. 그러던 중, 그는 참으로 극적인 기회에 돈 빈센테가 훔친 것과 같은 판본이 프랑스에 한 권 더 있음을 알아냈다. 만일 그 책이 유일본이 아니라면, 돈 빈센테가 살인자라는 주장을 반박할 수도 있을 것이었다. 모든 사람의 예상을 뒤엎고 돈 빈센테에게 살 길이 열리는 순간이었다. 하지만 그런 건 돈 빈센테에게 아무런 의미가 없었다. 그는 변호사가 다른 책을 찾았다는 소식을 듣고는 고통스러운 얼굴로 이렇게 외쳤다. "아! 말도 안 돼! 내가 가지고 있던 것이 유일본이 아니었다니!" 사형장에 끌려가는 순간까지 그가 괴로워했던 것은 오로지 이 사실뿐이었다.

흔히들 애서광을 가리켜 젠틀 매드니스gentle madness 곧, 부드러운 광기라고도 하지만 이런 이야기들을 들으면 대체 누가 부드럽다고 생각하겠는가. 사랑에 눈이 멀든 책에 눈이 멀든 미치는 일은 부드럽지 않다. 사람이 사랑에 눈이 멀면 무슨 짓이든

한다는데, 그 사랑의 대상이 책이라고 해서 미치는 게 부드럽거나 하진 않다. 그 점에 대해 잘 알고 있는 고서적을 판매하는 사람들은 이런 애서광들을 심리를 자극하기 위해 구하기 힘든 절판본이나 특이본을 진열해 둔다. 물론, 나 또한 그 앞에서 구경하다 보면 나도 모르게 애서광적인 순결주의 본능이 일어나기도 한다. 그럼에도 이전과는 달리 나는 헌책방을 더 즐겨 찾게 되었다.

어딜 보다라도 헌책방의 책들은 순결한 책과는 거리가 멀다. 사람들의 손때가 묻어 있기도 하고, 이따금 예기치 못하게 책장 사이에서 빛바랜 엽서나 끼적여 놓은 단상의 흔적이 튀어나오기도 한다. 게다가 가격도 부담스럽지 않다. 적어도 책이 담고 있는 내용에 비하면 한참이나 겸손한 편이 아닌가. 이 책들은 과거에 어떤 주인을 만났고 또 어떤 시간들을 거쳐 왔을까. 책에 적힌 백 년 전의 날짜와 밑줄과 귀퉁이에 적어 놓은 메모를 살펴보자면 이따금 책 내용과도 상관없는 상상에 빠지기도 한다.

미로 같은
서가

세상에서 가장 이해하기 어려운 공간이 어디인지 묻는다면, 나는 조금도 망설이지 않고 '미로'라고 대답할 것이다. 모든 건축물은 나름대로 목적이 있다지만, 이 미로만큼은 그 목적부터가 수수께끼이다. 특히나 평소 워낙 길치인 나 같은 사람에게는 길을 찾는 것도 힘든 마당에, 길을 잃게 하는 것이 목적인 공간을 대체 왜 만든 걸까 싶다. 그리스 신화에 따르면, 이 기이한 건축물의 효시는 크레타 왕 미노스라고 한다. 그는 저주로 태어난 미노타우로스라는 반인반수의 괴물을 가두기 위해서 명장 다이달로스에게 이 공간을 만들도록 지시했다. 그 누구도 이곳에 들어가면 나올 수 없도록 말이다.

그리고 미노스 왕은 아테네 경기에서 자기 아들이 죽은 것에 대한 복수로 해마다 일곱 명의 아테네 소년과 소녀를 뽑아 이 미궁으로 들어가게 했다. 이들은 미로를 헤매다가 결국에는 미노타우로스의 먹이가 되게 마련이었다. 그렇게 괴물에게 바쳐지기 위해 일곱의 소년 소녀가 나타났을 때, 그중에 유난히도 눈에 띄는 한 총각이 있었다. 그는 바로 미노타우로스를 없애기 위해 온

아테네의 왕자 테세우스였다. 그의 모습을 본 미노스 왕의 딸 아리아드네가 공교롭게도 첫눈에 반하고 만다. 그녀는 이 영웅을 미로에서 죽게 내버려 둘 수 없었다. 그래서 남몰래 테세우스에게 실타래를 건네주며 살아나올 방법을 일러 주었다. 그녀에게서 실타래를 받은 테세우스는 실의 한쪽 끄트머리를 출입구에 매어 놓고, 그 실을 풀어 가면서 미궁으로 들어갔다. 그러고는 미로 끝에서 만난 반인반수의 괴물 미노타우로스를 해치웠다. 물론, 빠져나올 때에도 실을 감으며 나왔기 때문에 죽음의 미로에서 무사히 탈출할 수 있었다.

헌책방에서 서가와 서가 사이를 거닐다 보면, 시간이 가는 줄도 모른다. 그러다 문득 고개를 들어보면, 높다랗게 쌓인 책들이 마치 미로의 벽처럼 어지럽게 나를 둘러서 있다. 그럴 때면, 이 미로에서 내가 무엇을 하고 있었는지 생각해 본다. 이곳이 미로라면 나는 괴물을 쫓고 있는 걸까, 아니면 쫓기고 있는 걸까.

선사시대 사람들은 미로를 두고 영혼을 가두기 위한 함정이라고 생각했다. 미노스 왕이 그랬듯, 사람들에게 있어서 미궁이란, 미노타우로스라는 괴물을 깊은 무의식의 세계로 추방하기 위한 것이었다. 사람들은 의식적으로 이 괴물과 마주치지 않기 위해서 결코 빠져나올 수 없도록 복잡하고 난해한 내면에 가두고 또 가두었다.

하지만 중세시대에 와서는 이야기가 달라진다. 당시는 종교 수련이나 순례가 유행했던 시절이라 미로 속에서 헤매는 것마저도 신을 찾아가는 순례 길을 가는 것과 닮았다고 보았다. 더 좁고 험난한 길을 포기하지 않고 따라간다면 아무리 헤매더라도 결국 그 끝에 신을 찾게 되리라는 그런 믿음이었다. 하지만 미로에 대해 정확히 설명하려는 것부터가 사실은 말이 안 되는 게 아닐까?

그러니 일단은 헤매 보는 수밖에 없다. 그 끝에는 무엇이 기다리고 있는지도 끝에 가서 알게 될 것이다. 그곳에 반인반수의 괴물이 있을지, 자비로운 신이 있을지, 아니면 괴물과 신의 모습을 동시에 지닌 내가 있을지는 가 보지 않고야 알 수 없는 일이다.

나는 헌책방이라는 미로에서 종종 길을 잃곤 한다. 언어로 촘촘히 만들어진 미로는 그 무한한 변주로써 나를 더욱 어지럽게 한다. 비록 그 안에서 무엇을 만나게 될지는 모르지만, 그나마 나에게는 아리아드네의 실이 있다. 가느다란 그 실에 의지한 채 조금씩 나아갈 뿐이다.

쌓여 있는
헌책들,
무질서에서의
질서

존 치버 John Cheever는 아침에 일어나면 정장을 갖춰 입고 넥타이를 맨 모습으로 아파트 문을 나섰다. 그러고는 출근하는 인파에 섞여 엘리베이터를 탄 뒤, 곧장 지하층까지 내려가서 한 창고의 문을 열고 들어갔다. 그곳에서 그가 하는 일은 옷을 다 벗고 속옷차림으로 앉는 것이었다. 그런 모습으로 글을 써 내려가는 것이 그가 날마다 정확하게 지킨 일과였다.

물론, 평범하지는 않지만 작가들은 이렇게 자신만의 규칙을 정해 놓고 정확하게 따른다. 흔히, 작가들이 자유로운 생활을 할 거라고 생각하지만, 사실 이들은 그 누구보다도 철저하게 규칙을 따랐다. 이를테면, 헤밍웨이는 무슨 일이 있어도 항상 5시 30분이면 눈을 떴는데, 전날 아무리 술을 마셨다고 해도 마찬가지였다. 그런가 하면, 베토벤은 직접 60개의 커피콩을 세어서 아침마다 커피를 마셨으며, 칸트는 오후 3시 30분마다 산책을 나섰기 때문에 동네 사람들은 그를 보고 시계를 맞출 정도였다.

그런가 하면, 일반적인 회사에 출퇴근하면서 글을 쓰는 경우도 얼마든지 있다. 카프카는 지방 보험국 직원이었고, T.S. 엘리엇은 은행에서 일했으며, 윌리엄 포크너는 발전소 직원이었다. 작가들은 어떤 의미에서 그 누구보다 성실한 사회인이기도 했다. 작가들이 이처럼 규칙을 철저하게 따른 이유는 무엇일까? 아마도 글을 쓰는 작업이 워낙 거대한 혼란과 싸우는 일이기 때문에 그랬던 게 아닐까?

언어가 규칙적이라고 생각하기 쉽지만, 그 조합이 만들어 낼 수 있는 세계는 한계가 없다. 언어의 무한성 덕분에 그 어떤 추상적인 생각이나 형이상학적인 상상도 가능하지만, 그래서 무한한 혼란에 던져지기도 한다. 그 때문인지 언어 속으로 깊이 파고드는 사람들 중에는 그 압도감을 이기지 못해 몸이 병약해지거나 정신이 이상해지는 경우가 종종, 아니 꽤 많이 있다. 그래서인지 본능적으로 계속해서 규칙을 찾아 흐트러진 질서를 되찾으려고 하는 게 아닐까.

이러한 규칙들이 한눈에 보이는 것이 작가들이나 애서가들의 서재이다. 스스로 수집가이기도 했던 발터 벤야민이 말했듯, 우리는 무질서가 질서로 보이도록 만들기 위해서 책을 모으는데, 그 질서는 개인에 따라 각각 다르게 나타난다. 이를테면, 토머스 재퍼슨은 마흔네 개로 지식 구조를 나눈 뒤, 이 구조에 입각하여 자신의 책들을 분류한 반면, 토머스 칼라일은 책의 높낮이에 맞춰서 진열했다.

하지만 지나치게 규칙을 따르다 보면, 또다시 그 질서를 무너뜨리고 싶은 충동이 찾아온다. 그럴 때면, 나는 헌책들이 잔뜩 쌓여 있는 책방으로 향한다. 모든 것이 명확하게 분류되고 정돈된 최신식 서점과는 달리 그곳에 들어오는 책들에는 일관성이 없다. 아직 분류도 채 끝나지 못해 쌓여 있는 책들 사이를 거닐 때면, 왠지 모르게 수풀이 무성한 야생의 정글을 걷고 있는 듯한 기분이 들기도 하고 별들이 무수히 쏟아진 우주를 배회하는 것 같기도 하다. 하지만 그게 나쁘지만은 않다. 그 안에서 나는 또다시 새로운 규칙 찾기 놀이를 시작할 수 있을 테니깐.

비밀의 책, M서

세상의 모든 비밀을 담은 궁극의 책이 있다. 이 책은 모든 병을 치료하고, 모든 언어를 구사할 수 있도록 만들어 준다는, 절대의 책이다. 혹시 당신 또한 얼핏 들어 본 일이 있을지 모르겠지만, 사실 그 누구도 감히 이 책에 대해 안다고 말할 수가 없다. 당신이 들었던 이야기도 이렇다 저렇다 난무하는 여러 추측 가운데 하나에 불과하다. 게다가 이 책을 읽었던 사람들은 이미 수 세기 전에 무덤으로 들어갔고, 책의 행방이 묘연해진 이후로도 어찌나 오랜 시간이 흘렀는지 이제 이 책을 설명해 줄 자료조차 거의 남지 않았다. 이제는 그 이름조차도 기억이 희미해졌으므로, 일단은 '세계의 책(Liber Mundi)'의 약자인 'M서'라고 부르기로 하자.

우리가 아는 것은, M서는 지금까지 인류가 품어 온 수많은 의문에 답해 줄 수 있는 해답이 있다는 정도이다. 하지만 그것만으로도 모든 예술가의 영감이며, 모든 종교인의 환상이며, 모든 부자의 욕망을 불러일으키기에 충분했다. 비록, 우리가 이 책에 대해 아는 바는 형이상학 철학만큼이나 뜬구름 잡는 이야기들뿐이지만, 가끔은 추측에서 중요한 단서를 발견하는 경우도 있으니, M서를 둘러싼 추측들을 한번 살펴보자.

먼저, 이 책의 저자는 누구였을까. 어떤 이는 동양과 이집트의 모든 지혜를 능가한다는 저 유명한 솔로몬 왕이라고 주장한다. 그가 쓴 3천 편에 이르는 잠언 중에 남은 것은 다만 513편뿐이며, 사라진 책 중에서는 이 M서도 포함되어 있을 것으로 추측한다. 이 책은 비밀 결사대에 의해서 보호되다가 왕국이 무너지면서 사라지고 말았다고도 한다. 또 다른 이는 이 책이 여러 시대를 거치며 여러 선지자에 의해서 쓰였다고도 하는데, 이 주장은 다시 이 모든 사람이 사실은 수천 년 동안 환생을 거듭한 한 사람이라는 말로 반박되기도 했다.

어쨌든 누가 저자이든지 이 책이 존재하는 한, 우리의 관심은 책의 행방이다. 첫 번째 설은, 동방제국에서 연금술과 마술을 연구했으며 장미십자단의 창시자이기도 한 크리스티안 로젠크로이츠 Christian Rosenkreuz가 이 책을 소유하고 있다가 106세의 나이로 죽게 되었을 때, 다른 보물들과 함께 지하 납골당에 숨겨졌다고 한다. (그는 영묘에 "나는 120년 후 다시 태어날 것이다"라는 예언을 새겨 놓았다.) 하지만 훗날 장미십자단의 일부가 프리메이슨과 합류하게 되고, 그때 나온 자들이 M서까지도 훔쳐 갔다고도 한다.

그런가 하면, 철학자 프란시스 베이컨 Francis Bacon은 이 책이 '뉴 아틀란티스'에 보관되어 있다고 주장했다. 뉴 아틀란티스는 수천 년 동안 대륙과 단절된 섬으로 '솔로몬의 집'이라는 과학자

집단이 모든 것을 결정하는 곳이다. 어쩌면 M서는 온갖 물질을 썩지 않게 보존하는 동굴, 모든 동물과 새들을 위한 정원, 한 번 먹으면 오랫동안 단식이 가능한 빵, 인공의 무지개를 만드는 기술, 착각연구소와 더불어 이 섬에 있었을 것이다.

하지만 여러 가지 주장들 중에서도 16세기 영국의 수학자이며 천문학자이며 연금술을 연구하던 존 디 John Dee의 서재에 있었다는 주장이야말로 눈여겨 볼 만하다. 존 디는 당시 여왕 엘리자베스1세의 조언자였는데 여왕에게 국립도서관을 구축할 것을 권하였지만, 요청이 받아들여지지 않았다. 하지만 이에 아랑곳하지 않고, 그는 다양한 국적과 종교를 가진 학자들과 교류하면서, 새로운 낙원이 수학의 힘으로 가능하다는 이론을 심화시키기 위한 책들을 수집했다. 결국, 이 신비주의자는 모트레이크에 있는 자기

존 디. 셰익스피어는 자기 희곡 「템페스트」에 등장하는 마법사 프로스페로의 영감을 존 디에게서 받았고, 크리스토퍼 말로 또한 「파우스트 박사」를 쓸 때 그를 염두에 두며 썼다고 한다.

집에 도서관을 세웠는데 그곳은 온갖 언어로 된 이단적 사상들의 희귀본과 악령학, 건축학, 유대교 카발라의 수비학 등의 다양한 학설들로 채워져 있었다. 당시는 교회와 국가의 사상에 어긋나는 책을 쓰면 사형을 당하는 시대였기 때문에, 이 책들 중 일부는 출판물이 아니라 몇몇에만 은밀히 공개되는 필사본이었다.

아마 M서가 존재했다면, 존 디의 서재에 있었을 것으로 추측된다. 비록 대부분 사람들은 존 디를 약간은 정신이 이상한 인물로 보거나 악마라고 손가락질했지만, 그럼에도 비밀스러운 자료를 구경하기 위해 몰래 모트레이크를 찾는 사람들은 끊이지 않았

다. 뱃사람에서부터 수학자, 점성술사에 이르기까지 다양한 계층의 사람들이 그의 도서관을 찾아갔고, 그중에는 필립 시드니 경(Sir Philip Sidney)이나 에드먼드 스펜서Edmund Spenser 같은 유명한 시인들도 있었다고 한다. 하지만 안타깝게도 주인이 잠시 여행을 떠난 사이, 이 서재는 미신을 신봉하는 종교인들에 의해 파괴되어 버리고 만다.

그리하여 또다시 M서의 행방은 미궁으로 빠져버리고 말았다. M서는 어떻게 되었을까. 헌책방을 기웃거릴 때마다 당신이 잠시나마 스치듯 기억이 되살아날 것만 같았던 건, 혹시 이 M서가 떠올라서는 아니었을까? 만일 M서를 만났다면 알아볼 수 있었을 텐데, 안타깝게도 비밀 결사대들가 어떤 겉표지에 숨겨 놓았는지는 알 길이 없다.

서점 밖
떨이 상자

1920년대 초에 알렉산더 R.루리아라는 한 러시아 심리학자는 한 초능력자의 이야기를 기록했다. 솔로몬 시레세프키라는 이 남자는 놀랍게도 불멸에 가까운 기억력을 가지고 있었다. 그의 기억력은 갓 태어나고 얼마 되지 않았을 때, 요람에 누워 있는 자기를 바라보는 어머니의 얼굴부터 시작되어 어른이 될 때까지의 온갖 크고 작은 사건들까지도 놓치는 경우가 없었다.

이 심리학자가 그를 만나게 된 계기는 당시 모스크바에서 기자로 일하고 있던 시레세프키가 수첩 하나 없이 모든 일을 기억해 내는 모습에 놀란 편집국장의 권유에 의해서였다. 하지만 의사조차도 그의 기억력을 시험할 척도는 없었다. 그 자리에서 불러 준 70개의 숫자를 모두 기억해 냈기 때문이다. (심지어 10년이 지난 뒤까지도 그는 그 숫자들을 완벽하게 불러올 수 있었다.) 그가 이렇게 놀라운 기억력을 가질 수 있었던 이유는 머릿속에 끝없이 이어지는 기억의 창고가 있었기 때문이라고 한다. 그곳에는 무한한 방들이 있고, 그 어떤 기억이든 그곳에 차곡차곡 보관해 놓으면 그만이었다.

아마도 책을 좋아하는 사람들이라면 누구나 꿈꾸었을 만한 초능력이 아닐까. 그런 기억력만 있다면 따로 서재를 만들어 놓지 않아도, 번거롭게 책을 보관할 일도 없이 머릿속에다가 거대한 도서관을 지어 놓으면 될 터이니 말이다. 온갖 나라의 언어도 사전만 한번 읽으면 단번에 깨우칠 수 있으며, 어떤 시험이든 최고점을 받을 수 있을 테니 이 얼마나 행복한 상상인가?

하지만 우리의 생각과는 달리 정작 기억력과 행복은 관련이 없는 모양이다. 시레세프키는 오히려 방대한 기억들로 인해 대부분 시간을 우울하게 보냈다. 그래서 그는 여러 가지로 기억을 없애는 방법을 찾아 헤매었는데, 그 어떤 방법도 효과가 없었다. 어떤 의사는 잊고 싶은 기억을 종이에 적고 태워 보라고도 했지만, 사라지는 건 종이뿐이었다. 나이가 들수록 기억할 일들은 더해만 갔고, 나중에는 그 중압감 때문에 변변한 직장을 얻을 수도 없었다. 그래서 잠깐 기억력을 이용한 공연으로 돈을 벌기도 했지만, 외려 기억의 창고를 늘리는 일만 되고 말았다.

대부분 서점 밖에는 폐기 처분이 되기를 기다리고 있는 책들이 있다. 상품 가치가 떨어지거나 시대에 뒤떨어진 내용 탓에 책장으로부터 밀려나온 책들은 이제 재활용 처리장으로 향하기 전, 혹시라도 누군가의 관심을 끌지 않을까 잠시 유보 중이다. 한때는 이런 책들을 볼 때마다 지나치지 못해 손가락이 까매지도록 뒤져 보기도 했다. 그렇게 소화불량에 걸린 사람처럼 꾸역꾸역 책들로 채워 나갔고, 그 내용에도 상관없이 허겁지겁 무분별하게 받아들였다. 그러다 마침내, 내가 책을 소유하는 게 아니라 책이 나를 소유해 버리는 지경에까지 이르게 되었다. 머릿속이 포화상태가 되고 나서야 나는 비로소 니체의 말을 실감하게 되었다.

"망각하는 자는 복이 있나니."

만일 모든 책이 사라지지 않고 그대로 남아 있다면, 그것이야말로 끔찍한 일이 아닐까? 도서관들은 더는 책을 받아들일 장소가 없어지고, 아무리 도서관을 더 많이 짓는다고 하더라도 사람들은 엄청난 정보 사이에서 무엇이 중요한지 구분해 내는 데에만 대부분 시간을 보내게 될지도 모른다. 기억에서 사라졌다는 것은 이제는 집착으로부터 놓아줄 수 있다는 말이기도 하다. 정말 중요한 것들은 쉽게 사라지지 않는다는 사실을 깨닫게 된다면, 그때부터는 사라져 가는 것들에 미련을 두지 않고 바라볼 수 있는 여유도 생긴다.

홀로
서 있는
사람들

여행을 떠나는 사람들에게는 특유의 표정이 있다. 약간은 상기된 듯한 발그레한 뺨과 반짝이는 눈동자. 예측할 수 없는 미지의 세계를 향해 발을 내딛는 그 흥분이란, 좀처럼 감추기 쉬운 것이 아니다. 하지만 그건 어디까지나 여행자들의 앞모습일 뿐, 돌아선 뒷모습에서 나는 전혀 다른 무언가를 본다. 왠지 모를 쓸쓸함이라고 해야 할까. 어쩌면 떠나는 이유도 사실은 모험심에서라기보다도 혼자인 것이 두려워서가 아닐까?

누구나 자유를 갈망하지만, 자유는 거저 주어지는 법이 없다. 언제나 그 만큼의 대가를 요구할 테고, 우리가 얼마나 욕심을 포기할 수 있느냐에 따라 확장될 것이다. 물론, 안일한 삶이나 형식적인 인간관계를 포기하는 건 그다지 어렵지 않을 수도 있지만, 종국에 가장 어려운 관문이 있다. 바로 외로움을 얼마나 견딜 수 있느냐에 대한 질문. 왜냐하면, 외로움을 통과하지 않고는 자유를 알 수도 없으며 자유에 대한 의지 없이는 외로움을 이길 방법도 없을 테니 말이다. 아마 그래서였을까. 릴케는 시를 쓰고 싶어 하는 한 청년에게 이렇게 말했다.

"단 한 가지 방법밖에는 없습니다. 자기 자신 속으로 파고들어 가십시오. 고독이 자라나는 것은 소년이 성장하듯 고통스러우며, 봄이 시작되듯 슬프기 때문입니다. 자기 속으로 몰입하여 아무와도 만나지 않는 것, 바로 그런 것에 도달할 수 있어야 합니다."

이러한 여행자들의 고독한 모습을 발견하게 되는 또 다른 곳은 서점이다. 어느 서점을 가더라도 구석 어둑한 곳에 책을 손에 든 채 골똘히 생각에 잠겨 있는 사람들을 찾아보기란 어렵지 않다. 그건 영국의 고서점이든 독일의 시골 마을이든 마찬가지다. 이들은 하나같이 어떤 의미를 찾고 있고, 또 그만큼의 외로움을 감당하고 있는 것이다. 그런 탓인지 나는 지구 반대편에서 나와 같은 책을 읽고 있는 사람들을 보면서, 어쩌면 우리는 언어를 초월한 공통어가 있는 게 아닐까 하는 생각을 하게 된다. 그리고 그 공통어를 아는 사람이라면, 버지니아 울프의 이 말이 익숙할 것이다.

"우리가 그 책에 다가가는 도중에 아무리 꼬불꼬불하고 구부러지고 빈둥빈둥하고 어슬렁어슬렁 하더라도 최후에는 고독한 싸움이 우리를 기다리고 있다."

물론, 그 길에서 나는 철저하게 혼자이다. 하지만 괜찮다. 내가 펼쳐든 책 속에는 언제나 누군가의 목소리가 있고, 또 주위를 둘러보면 외로움을 견뎌내며 홀로 서 있는 사람들은 어디든 있으니 말이다. 그럴 때면, 나는 발터 벤야민이 했던 말을 떠올려 본다. "밤중에 계속 길을 걸을 때 도움이 되는 것은 다리도 날개도 아닌 친구의 발소리였다."

"이제부터는 밤낮으로 힘든 길을 가야 하오. 가다가 잘못되어 다시 돌아오기도 하겠지요. 내가 길을 잘못 든 그 교차로에서 다시 되돌아오게 되면 나는 거기서 또다시 나의 길과 작업을 시작하겠소. 단순하고, 소박하게, 있는 그대로 다시 시작하면 되는 거요." —릴케

헌책방에
있지만
보이지 않는
책 도둑

책 도둑들의 정신세계란 일반 사람들과는 다르겠지만, 또 그렇다고 해서 일반 도둑과 비슷하지만도 않다. 그래서 사실은 그 어떤 도둑들보다도 정의하기 힘든 부류이며, 심지어는 정신과 의사들도 법정의 판사들도 책을 훔치는 것이 정상적인 건지 정신 이상인 건지 알 수 없어 골머리를 앓기도 한다. 남의 물건을 훔쳤다면 그 물건이 어떤 것이든 도둑은 도둑이라고 갈할지 모르겠으나, 당신도 한번 가슴에 손을 얹고 생각해 보라. 혹 누군가에게서 빌리고 돌려주지 않은 책이 단 한 권도 없는지를.

어디서부터 책 도둑으로 간주해야 하는지 그 기준이 애매하기에 책 도둑들조차도 자기가 책 도둑인지 모르는 경우도 종종 있다. 심지어 세기의 책 도둑 블룸버그도 그런 사람 중에 하나였다. 그는 미국 전역과 캐나다 등지에 있는 도서관 268곳을 돌아다니며 2천만 달러어치 책을 훔쳤지만, 그럼에도 자기 자신을 도둑이라고 전혀 생각하지 않았다. 그래서 훗날, 감옥 안에서 만난 마피아 두목이 왜 그런 천부적인 재능으로 고작 책이나 훔쳤냐고 물었을 때, 그는 아연실색하며 이렇게 말했다

"도둑이라뇨! 저는 돈 때문에 훔친 게 아니라고요."

블룸버그는 자기가 저지른 절도 행위를 일종의 취미 정도로 생각했던 탓일까? 하지만 아무리 취미라고 해도 그처럼 전문적으로 치밀하게 절도를 계획하고 성실하고 끈기 있는 자세로 임하는 사람이 어디 있겠는가. 그는 자기 비밀 아지트에 쌓아 놓은 컬렉션에 어떤 책을 추가해야 할지 밤새 연구하느라 하루에 두세 시간 이상 자는 경우가 없었다고 한다. 또한 특수하게 고안한 코트를 입고 다녔는데, 그 안주머니에는 언제든 원하는 책을 '작업' 해서 빼내 올 수 있는 온갖 장비가 숨겨져 있었다. 그럴 뿐만 아니라, 각종 위조 신분증과 무덤덤한 듯 자연스러운 연기력도 한몫을 했다. 한번은 그가 도서관 사서인 줄로만 알았던 학생들이 책 카트를 끌고 나오는 일을 거들기도 했다. 그렇게 블룸버그는 절도를 예술의 경지에까지 끌어올렸다.

덕분에 훗날 에프비아이FBI가 그의 은닉처를 발견했을 때 되찾은 23,600권가량의 책들에는 '블룸버그 컬렉션'이라는 말이 붙게 되었으며, 당시 항간에는 그가 다녀가지 않은 미국 도서관은 별 볼 일 없는 곳이라는 우스갯소리가 나돌았다.

물론, 그 어떤 사람도 자기 책이 도난당하는 것을 좋아할 리가 없다. 심지어는 책 도둑마저도 자기 책을 도둑맞으면 불같이 분노할 것이다. 그래서 옛적부터 책 도둑을 막기 위한 갖가지 방법이 동원되었다. 이를테면, 유럽에서는 19세기 초까지만 해도 책을 쇠사슬에 묶어서 책장에 고정하는 방법을 사용했는데, 얼마 전까지만 해도 수도원이나 도서관에서 심심치 않게 볼 수 있는 모습이었다. 그런가 하면, 중국의 우참장이라는 사람은 책 도난을 막기 위해 자기 집 연못 한가운데 서가를 지은 뒤, 외나무다리를 걸쳐 놓고 혼자만 다녔다고 한다.

하지만 책 도둑들이 유난히도 '문자'에 민감하다는 것을 안다면, 중세 수도원에서 자주 사용되었던 문자로 호소하는 방식은 꽤 지능적이라고 할 수가 있다. 이 방식은 책을 훔치려는 마음이 싹 사라지도록 저주의 글귀를 걸어 놓는 방법이다. 그중에서도 개인적으로 인상적인 글귀는 바르셀로나에 있는 산 페트로 수도원에서 사용한 문구이다.

"책을 훔치거나 빌려 가서 돌려주지 않는 사람은 그의 손안에 든 책이 뱀이 되게 하여 그 사람을 갈기갈기 찢게 하라. 자비를 구하며 큰 소리로 울부짖게 하고, 죽을 때까지 절대로 고통을 멎게 하지 마라. 절대로 죽지 않는 버러지라는 증거로, 책벌레들로 하여금 그의 내장을 갉아 먹도록 하라. 마침내 그가 마지막 처벌장으로 향하면 지옥의 불길이 그를 영원히 삼키게 되리라."

특히나 책이 귀했던 중세에는 책 도둑이 골칫거리였다. 여기에는 성직자나 학자들도 예외가 아니었다. 당시 종교계에서는 책 도둑들을 어찌나 혐오했는지 이들을 예수를 팔아넘긴 가롯 유다, 총독 빌라도, 대제사장 가야바와 같은 중대한 범죄인들과 동급으로 취급했을 정도이다.

게다가 세상에서 가장 빈번하게 도난당하는 책 1위가 성경책이라고 하는데, 출애굽기를 펼쳐보면, 분명 "네 이웃의 물건을 탐하지 말라"고 적혀 있지 않은가. 이것만 보더라도 책 도둑의 심리는 그 누구도 알 수 없는 미스터리이다.

블룸버그의 배심원들 또한 책 도둑이 정신이상인지 아닌지를 두고 고민했지만, 결국 이들이 내린 판결은 유죄였다. 블룸버그의 변호사가, 책 절도는 정신이상의 하나라고 아무리 변론해 보아도 배심원들의 생각은 달랐다. '책을 훔치려는 사람이야말로 제정신이다. 오히려 책을 갖고 싶어 하지 않는 사람이 정신이상일 것'이라는 게 배심원들이 내린 결론이었다.

책 도둑은 겉으로는 지극히 정상적인 모습을 하고 있기에 결코 눈에 띄지 않는다. 지금 당신이 서 있는 이 평화로운 서점 어딘가에도 책 도둑이 있을지 모를 일이다. 하지만 대체 누가 알아차리겠는가. 그 책 도둑이 저 옆에 코트를 입은 남자일는지, 아니면 바로 당신일는지.

햇살 드는
창가

내가 노란 조명을 나지막이 켜 놓고 밤늦도록 책을 읽는 걸 무엇보다도 좋아하는 건 사실이지만, 그 어떤 빛보다도 나를 깨우는 푸른 새벽 햇살만큼 설레게 하는 건 없다. 그럴 때면 커튼을 열고 그 빛이, 나와 내 책들을 비추도록 가만히 둔다. 그렇게 있다 보면, 밤새 문장 속에서 뒤척이던 책도 나도 서서히 깨어나는 것 같다.

창밖의 세상을 바라보다 보면 지금까지 내가 몰두하고 있던 책들의 세상과 얼마나 다른지를 한 번 더 떠올리게 된다. 저 창밖에는 움직이는 구름도 있고, 흔들리는 잎사귀도 있으며, 어디론가 걸어가는 사람들도 있다. 그 세상은 단 한 순간이라도 멈추는 법이 없다. 그러니 정지된 나의 방에 창이 있다는 건 얼마나 큰 위안인가. 책에 시선을 고정하고 있는 순간에도 벽 한쪽에 창이 있다는 사실을 떠올리며 안도감을 가질 수 있는 이유는, 만일 벽에 뚫린 그 투명한 네모가 아니었다면 나도 그리고 책들도 이대로 갇혀 있는 신세가 되었을지 모르기 때문이다.

소설을 읽다 보면, 창가에 서서 풍경을 바라보는 사람들이 심심 찮게 등장한다. 창밖으로 시선을 향할 때 사람은 좀 더 솔직해지나 보다. 어쩌면 자기 앞에서 보호막처럼 서 있는 투명한 유리 덕분일까. 어쩐지 솔직해질 수 있는 용기가 생기나 보다.

그중에 기억에 남는 인물로는 플로베르의 소설에 등장하는 보바리 부인이 있다. 그녀는 자신의 세상에 갇혀 좀처럼 자기의 마음을 드러내는 일이 없는 여자이다. 그 누구보다도 지독한 권태 속에 살면서 천천히 숨이 죄여 오고 있지만, 정작 아무것도 할 수가 없었다. 오로지 한 가지, 창밖으로 지나가는 레옹이라는 청년을 훔쳐보면서 남몰래 설레어 했다는 것뿐이다. 독서를 좋아하며 어딘가 모르게 지적인 분위기를 풍기는 남자. 하지만 막상 그가 방문을 열고 들어오면 그녀는 갑자기 바느질에 몰두하는 척하거나 남편을 칭송하는 말을 늘어놓으며 서둘러 마음을 감췄다. 보바리 부인이 마음 놓고 레옹을 바라볼 수 있을 때는 오로지 그가 창 너머에 있는 순간뿐이었다. 자기 감정에 솔직하지 못했던 건 로테도 마찬가지였다. 그녀는 이미 약혼한 몸인지라 갑자기 나타난 베르테르의 순수한 열정을 애써 회피했다. 적어도 그와 함께 창가에 섰을 때까지는 말이다. 파티가 있던 어느 날 밤, 두 사람은 무리와 어울려 춤을 추다가 갑자기 몰아닥친 비바람으로 인해 멈추고 만다. 사람들이 춤추기를 그만두고 새로운 놀이를 하는 동안, 이 두 사람은 자리를 떠나 함께 창가로 가게 된다. 때마침 창밖에서는 먹구름이 걷히며 청명한 하늘이 드러나기 시작했고, 베르테르와 로테는 나란히 서서 그 광경을 바라보았다. 비로소 두 사람이 처음으로 서로의 마음에 솔직해지는 순간이었다.

대체 창밖에 무엇이 이들을 솔직하게 만들었던 걸까. 그런 의문이 들 때면, 나는 창가를 서성이던 또 다른 여인, 버지니아 울프를 떠올려본다. 대체 무엇을 보았기에 그녀는 그토록 오랫동안 그 자리를 떠나지 못했을까. 햇살 좋은 어느 오후, 그녀가 갑자기 창밖으로 뛰어내리려고 했던 건 어쩌면 몸을 던져서라도 그 너머 세계로 탈출하고 싶어서가 아니었을까-.

나지막한
나무 사다리

"나는 내 인식이 어디까지 갈 수 있는지 그 한계를 한번 시험해 보고 싶어." 동그란 안경에 새하얀 피부를 가진 그가 말했다. 그는 당시 내 주위에 누구보다도 책을 많이 읽던 사람이었고, 우리는 이따금씩 벽 한쪽이 책으로 채워진 북카페에 마주 앉아 토론을 벌였다. 그의 눈에는 누구도 따라잡을 수 없을 것만 같은 우주적 지식이 서려 있었고, 나는 더 가까이 그에게 닿기 위해서 맹렬한 속도로 책을 읽어 내려갔다. 헤겔, 데카르트, 하이데거처럼 심각하고, 심오하고, 이름도 발음하기 어려우면 더욱 좋았다.

지금이야 더는 떠오르지 않는 얼굴이 되었지만, 이상하게도 벽 한쪽 책장에 걸쳐 있던 사다리만큼은 기억에 뚜렷이 남는다. 우리는 이상적인 서가에 대해 이야기하곤 했는데, 그도 나도 언젠가 나도 사다리를 타고 올라가야 할 만큼 높다란 책장을 갖게 되기를 바랐다. 하지만 지금 돌아보면, 그 책장을 무엇으로 채울지 알지 못한 채로 책만 쌓아 올리려고 했던 건지도 모른다.

왜 우리는 항상 날아오르려고 하는 걸까? 왜 이토록 애써 중력을 거스르려고 하는 걸까? 라이트 형제도 닐 암스트롱도 더 높이 날고 싶어 했다. 플라톤 또한 저 멀리 이데아의 세계로, 인간의 조건을 초월한 곳으로 오르려고 했다. 예나 지금이나 사람들이 상승의 꿈을 반복하는 걸 보면, 바벨탑을 쌓은 오래전 신화는 지금도 여전히 이어지고 있는 것만 같다.

"자, 꼭대기가 하늘까지 닿는 탑을 세워 이름을 날리자."

바벨탑 이야기에 따르면, 아주 오래전 사람들은 신처럼 되기 위해서 힘을 모아 탑을 쌓았다. 그 재료라고 해 봤자 고작 벽돌과 역청이었지만, 그것으로도 하늘 끝까지 쌓아 올릴 수 있으리라 믿었다. 그러나 신은 인간들의 오만함을 지켜볼 수 없던 나머지, 탑을 무너뜨렸고 그러면서 언어도 흩어 버렸다. 그때부터 사람들은 더는 완전한 소통을 할 수 없게 되었다.

'말'로 인한 혼란과 오해들이 시작된 것도 이 비극적인 사건 때문이었다. 높아지려고 했던 인간의 말들은 무너진 탑의 잔해처럼 사방 곳곳으로 흩어지고 말았지만, 사람들은 또다시 그 파편들을 주워 모아 쌓기 시작했다. 쳇바퀴처럼 옛 비극을 되풀이하는 것을 우려한 현인들은 자칫 오만으로 치닫고 마는 상승의 갈망에 대해 주의를 주었다. 마치 아들 이카루스에게 날개를 달아 준 명공 디에달루스처럼. 미로를 빠져나가기 위해서는 미로 위로 날아올라야 하지만, 태양 가까이 날면 날개가 녹고 말 거라고 디에달루스는 아들에게 경고했다. 하지만 이카루스는 비상의 흥분에 도취된 나머지 날개가 녹아 버리는 것도 알아채지 못하고 태양을 향해 솟아올랐다. 결국 그에게 남은 것은 비참한 추락뿐이었다. 세상은 여전히 하늘을 향해 오르려는 사람들의 아우성으로 시끄럽다. 하지만 이제 내가 귀를 기울이게 된 목소리는 공중에 떠 있는 이상주의자들의 말이 아니라 추락을 해 본 사람의 경험담이다. 니체가 한 이 말도 실패를 알기에 해 줄 수 있는 조언이다.

"자기 자신의 해방에 매달려서는 안 되며, 더욱더 많은 것을 자기 아래로 내려다보기 위해 언제나 더 창공 높이 날아오르는 새처럼 탐욕적으로 멀고 낯선 세계에 매달려서는 안 된다. 이것이 가장 강한 독립성에 대한 시험이다."

유럽의 한 골목에서, 헌책방에 들어간 나는 책장에 비스듬히 놓인 사다리를 본다. 그러고는 조심스레 나무 사다리를 올라가 본다. 그러다가 피식 웃음이 새어 나왔다. 뭐 그래 봤자 겨우 그 정도의 높이일 뿐인 것을.

4 이야기가 있는 서점

아름다운 책을 읽는 것은, 책이 우리와 속삭이며
우리의 영혼이 그것에 대답하는 끊임없는 대화이다.

앙드레 모루아

나는 발터 벤야민이 배회했을 파리의 미로 같은 골목에서 길을 잃어 보고 싶었다. 프루스트가 말하는 마들렌느를 한입 베어 물고는 그 달콤한 바닐라 향에 취해 보고 싶었다. 횔덜린이 갇혀 시를 썼던 그 자리에 서서 창밖을 바라보고 싶었다. 만일 내가 그곳에 실제로 선다면 어떤 느낌일지, 또 그 여정 중에는 어떤 일이 기다리고 있을지는 알 수 없지만. 그래도 환상이 아니라면, 환상만 아니라면 무엇이든 좋겠다고 생각했다.

어린 시절 책이 높다랗게 쌓인 방, 책장에 기대에 위안의 시간을 보냈던 사람이라면 누구든 이해할 수 있을 것이다. 책만 있다면 그 어느 곳도 낯선 장소가 아니라는 것을. 마치 광활하고 낯선 세상 속에서 천국의 조각들을 찾아 헤매듯, 나는 환상 속에만 그리던 서점들을 하나씩 찾아다녔다.

책과 사람의 이야기들이 서가 사이사이로 깃들어 있는 곳. 그래서인지 나이가 지긋하고 추억이 가득한 사람처럼 푸근한 곳, 나는 골목을 돌아 서점을 발견할 때마다 지나칠 수 없어 문을 열고 그 안으로 들어갔다. 그렇게 나의 세계는 조금씩 천국의 조각들로 채워져 갔다. 하지만 무엇보다도 내게 위안이 된 것은 내가 찾아간 그 장소들이 그저 책 속에나 있을 법한 환상이 아니라 말짱한 현실이었다는 점이다.

휴머니즘의 성지,
문학의 박물관

셰익스피어 앤드 컴퍼니

Shakespeare & Company

37 Rue de la Bucherie 75005 Paris, France
+33 1 43 25 40 93

백여 년 전인 1920년대, 이 서점 단골이었던 헤밍웨이는
언젠가 자기 소설에서, 셰익스피어 앤드 컴퍼니를 꽤 멋진 문장으로 추억했다.
"따뜻하고 흥겨운 곳이다. 겨울에는 큰 난로가 있고, 책이 쌓인 책상과 책장들이 있으며,
살아 있거나 죽은 유명 작가들의 사진으로 장식된 벽이 있다."

안락하다. 이것이 셰익스피어 앤드 컴퍼니의 입구에서부터 받은 느낌이다. 서점에 왜 갖다 놓았는지 모를 침대와 피아노 위에 쌓인 책더미들 그리고 사다리를 세워 놓은 높은 책장들 때문일까. 비록 처음 거니는 지구 반대편 공간이지만, 낯설기는커녕 오히려 포근한 기운이 감돈다. 그 기운에 포근히 안긴 채로 몇 시간이고 보낼 수 있는 이유는 바로 안락하다는 느낌, 곧, 오랜 고향을 찾아온 듯한 그 감상 때문이다.

지금으로부터 백여 년 전인 1920년대, 이 서점 단골이었던 헤밍웨이 또한 비슷한 느낌을 받은 모양이다. 그는 언젠가 자기 소설에서, 셰익스피어 앤드 컴퍼니를 꽤 멋진 문장으로 추억했다. "따뜻하고 흥겨운 곳이다. 겨울에는 큰 난로가 있고, 책이 쌓인 책상과 책장들이 있으며 살아 있거나 죽은 유명 작가들의 사진으로 장식된 벽이 있다."

유럽의 헌책방 가운데 단연 손꼽히는 셰익스피어 앤드 컴퍼니를 방문해 본 사람이라면 누구나 헤밍웨이의 글에 공감할 것이다.

물론, 셰익스피어 앤드 컴퍼니라는 이름에서, 잘생긴 배우 에단 호크가 나오는 영화 '비포 선셋Before Sunset'이나 우디 앨런의 '미드나잇 인 파리Midnight in Paris'의 한 장면을 떠올리거나, 20세기 최고의 영미 문학작품이라 꼽히는 제임스 조이스의 「율리시스」가 출간된 역사적인 사건을 떠올릴 수도 있겠다.

하지만 아무런 생각 없이 센 강변을 산책하다가 삼삼오오 모여 이야기를 나누거나 책을 구경하는 사람들을 따라 들어왔다고 할지라도 여전히 이곳은 그 누구에게나 환상을 넉넉하게 안겨 주는, 책들의 천국이다. 낡고 푸근한 기운이 감도는 곳, 그래서인지 어떤 상상이든 가능할 것 같은 곳. 어쩌면 셰익스피어가 은퇴한 뒤에 실비아 비치Sylvia Beach라는 미국 여성과 이 서점을 운영했다고 해도 믿을는지도 모르겠다.

이 평범하지 않은 이름, '셰익스피어 앤드 컴퍼니'를 생각해 낸 실비아 비치는 어려서부터 책 읽기와 모험을 즐기는 아가씨였다. 혈혈단신 파리로 이사 온 이 아가씨는, 어느 날 잠들기 전에 침대에 누워 살아갈 궁리를 하다가 이 서점 이름을 생각해 냈다. 그 누구도 셰익스피어를 싫어할 사람은 없을 테니 그를 동업자로 삼으면 무엇이든 성공하리라는 생각이었다. 그녀가 파리에 대해 아는 것이라고는 선교사 아버지를 따라 얼마 동안 살았던 어린 시절의 기억이 전부였다. 그 기억을 좇아 파리 시내 구석구석을 돌아다니며 낡은 책장이나 의자, 헌 영어 책들을 사 모아서 서점을 차렸다. 단지 책이 좋아서, 그리고 파리라는 도시가 좋아서 시작한 이 서점에서 그녀는 인심 좋게도 책을 살 돈이 없는 사람들을

제임스 조이스와 조이스를 향해 앉아 있는 실비아 비치(위쪽), 지팡이를 짚고 있는 제임스 조이스와 실비아 비치(아래 왼쪽), 중년 시절의 실비아 비치(아래 오른쪽).

서점을 개업한 해 여름, 실비아는 친구와 함께 시인 에즈라 파운드의 집에서 열리는 파티에 우연히 참석했다가 그곳에서 처음으로 제임스 조이스를 만났다. 그 순간을 그녀는 이렇게 회상한다. "누군가 '아일랜드 출신 작가 제임스 조이스가 여기 와 있다'고 말해 주었다. 제임스 조이스의 숭배자였던 나는 그 말을 듣자마자 너무나 떨린 나머지 그 자리에서 도망치고 싶었다."

위해서 책을 대여해 주기도 했다. 당시 영국이나 미국에서는 금서였던 「채털리 부인의 연인」도 그녀의 서점에서는 빌릴 수 있을 만큼 파리는 예술가들에게 자유로운 도시였다. 그즈음 유럽 각국에서 정치적 혼란과 억압을 피해 파리로 몰려온 예술가들 덕분에 소박하게 시작한 셰익스피어 앤드 컴퍼니는 얼마 지나지 않아 그 야말로 온갖 유명 작가들이 즐겨 찾는 사랑방이 되었다. 그전까지만 해도 마음속으로만 사모하던 작가들이 서점으로 하나둘씩 들어오는 모습을 보며, 그녀의 가슴은 얼마나 두방망이질 쳤을까. 역시 셰익스피어와 동업하길 잘했다며 행복해했을는지도 모르겠다.

그녀의 단골을 꼽자면 끝이 없다. 예술계 마당발로 알려진 에즈라 파운드를 비롯해 T. S. 엘리엇, 헤밍웨이, F. 스콧 피츠제럴드 같은 영미권 작가들과 앙드레 지드, 폴 발레리, 쥘 로맹 같은 프랑스 작가들이 있었고, 작곡가인 에리크 사티, 영화 '전함 포테킨'의 감독 세르게이 예이젠시테인도 이곳을 즐겨 찾았다. 하지만 그 가운데 그녀한테 가장 운명적인 손님을 꼽는다면, 단연 더블린 출신의 기인 제임스 조이스였다.

그를 만나기 전부터 조이스의 열렬한 팬이었던 그녀는 회고록에서 자기 서점을 찾은 제임스와의 재회를 자세히 기록했다. "천정까지 책이 잔뜩 쌓인 그 작은 방의 한쪽 구석에 힘없이 앉아 있는 사람은 다름 아닌 조이스였다. 나는 흥분에 몸을 떨며 물었다. 혹시 그 위대한 작가 제임스 조이스 씨인가요?" 그러자 그녀를 향해 손을 내밀며 남자가 말했다. "제임스 조이스요." 그때부터 제임스 조이스와 실비아 비치의 운명 같은 이야기가 시작된다.

조이스는 좀처럼 이해하기 어려운 인물이었다. 냉철한 지식인답지 않게 검은 고양이에 대해서 이상한 미신을 품고 있었는가 하면, 세상 누구도 두렵지 않은 듯이 대담한 글을 쓰다가도 금방이라도 벼락 맞을 사람처럼 잔뜩 움츠러들고는 했다. 또 생활고에 시달리는 험악한 아내에게서 날마다 잔소리 세례를 받으면서도 돈이 조금이라도 생기면 팁으로 흥청망청 써 버리기 일쑤였다. 하지만 사람들은 그의 능변과 노래에 넋을 잃었으며, 무엇보다도 그의 재능을 의심하지 않았다. 물론, 한두 문장에 매달려 하루 종일 씨름할 만큼 집요한 성격인지라 정작 그가 남긴 작품은 많지 않다.

그의 완벽주의를 드러내는 일화도 적지 않다. 어느 날 기분이 좋아 보이는 그를 본 아내가 오늘은 얼마만큼 썼냐고 묻자, 그는 글이 잘 풀려서 무려 다섯 글자나 썼다며 만족스러워했다. 그런가 하면, 또 어떤 날에는 누군가가 그에게 작업이 잘 안 되느냐고 묻자, 그는 종일 다섯 글자밖에 못 썼다고 시무룩하게 대답했다. 아니, 당신한테 다섯 글자면 많이 쓴 게 아닙니까, 하고 물었더니, 조이스가 내놓은 대답은 이러했다. "문제는 그 다섯 단어를 어떤 순서로 배치할지 모르겠다는 거요."

언어를 집요하게 파고든 끝에 탄생한 「율리시스」지만, 아무래도 일반인들한테는 너무도 난해했던 모양이다. 외설이냐 예술이냐 하는 시비도 벌어졌으나, 외설이라고 하기에도 지나치게 난해했다. 결국, 검열에 걸려「율리시스」를 출간할 수 없게 되었는데, 그때 기적처럼 구원의 손길을 내민 사람이 있었으니, 바로 실비아 비치였다. 그 누구도 손대기를 꺼리던「율리시스」를 그녀가 선뜻 나서서 출판을 맡아 준 것이다. 그렇게 해서 영국도 미국도 아닌 프랑스에 있는 작은 헌책방 셰익스피어 앤드 컴퍼니에서 20세기 최고의 영어 문학작품이 탄생하게 되었다.

「율리시스」는 읽어 본 사람보다 그에 대한 논문으로 박사학위를 딴 사람이 더 많다는 말이 있을 만큼 난해하고 독창적인 문제작이다. 조이스는 이 작품에 자신이 많은 비밀을 숨겨 놓았는데 백 년이 지나도 그 비밀을 다 풀 수 없을 것이라고 했다.

「율리시스」를 출간하고 셰익스피어 앤드 컴퍼니는 유명세를 타게 되었다. 하지만 그런 만큼 대가도 치러야 했다. 출간 과정에서 프랑스 인 인쇄업자는 영어를 몰랐고, 책 분량은 방대했으며,「율리시스」가 음란 서적으로 오해받는 바람에 아마추어 '야설' 작가들이 실비아한테 찾아와 끈질기게 출판을 요청했기 때문이다. 1922년 온갖 역경 끝에 마침내 책을 출간했지만, 이미 영미권에서는 금서 조치가 내려진 탓에 판매를 하려면 밀수출하는 방법밖에 없었다. 하지만 워낙 책 두께가 만만치 않아 그 또한 쉽지 않은 일이었다. (헤밍웨이도 자신이「율리시스」마흔 권을 캐나다를 통해 밀반입하는 것을 거들었다고 주장했지만, 그의 허풍은 믿을 수 없다.)

결국,「율리시스」가 미국 세관에서 적발되는 바람에 조이스는 법정에 출두해야 했고, 출간 정지와 더불어 벌금 50달러를 물게 되었다. 이유인즉슨, 그 책이 풍속을 해치고 지나치게 민감한 사람들을 현혹할 수 있다는 점이었다. 프랑스와는 달리 문학의 자유가 뒤늦게 찾아온 미국은 그로부터 10년이 지난 뒤에야 이 책에 대한 출판 금지 조치를 푼다. 자칫 역사 속으로 사라질 위기에서 실비아의 희생정신과 갖은 노고로 빛을 보게 된 「율리시스」지만, 책이 성공할 조짐이 보이자 조이스는 그녀를 배신하고 에고이스트 출판사에서 저렴한 판본을 계약한다. 그 바람에 수제 종이로 공들여 제작했던 실비아의 책은 한순간에 애물단지가 되어 버렸다.

그녀가 좀 더 오래 살았더라면, 「율리시스」의 초판본이 애물단지에서 보물이 되는 것을 볼 수 있었을 텐데 하는 안타까운 마음이 든다. 최근 소더비 경매에 나온 「율리시스」 초판본 100권 중 23번째로서 실비아의 서경이 있는 책에 무려 50만 달러에 가까운 낙찰가를 예상한다니 말이다.

실비아에게는 살아생전 조이스와의 인연이 끝까지 가시밭길이었다. 세계 2차대전의 어두운 그림자가 마침내 파리까지 드리웠을 때, 서점을 방문한 한 나치 장교가 조이스의 마지막 작품 「피네간의 경야」를 사겠다는 청을 거절한 것이 화근이 되어, 결국, 그녀는 서점을 닫아야 했다. 그 뒤 전쟁이 끝날 때까지 수용소에 갇혀 있던 실비아는 일상으로 돌아온 뒤에도 서점 문을 다시는 열지 않았다. 그렇게 셰익스피어 앤드 컴퍼니가 기억 속으로 영영 사라져 버릴지 모를 위기가 찾아왔다. 하지만 다행히도 그 전설을 이어 갈 사람이 나타났다.

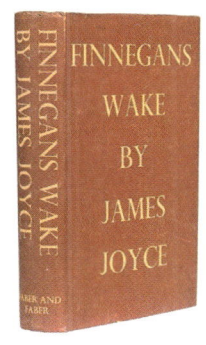

「피네간의 경야」

그녀의 서점을 물려받은 두 번째 주인은 미국에서 온 작가 조지 휘트먼George Whitman(1912-2011)이었다. 그는 이 서점 이름을 가리켜 '세 단어로 된 소설'이라 할 만큼 오래전부터 셰익스피어 앤드 컴퍼니에 애착을 가지고 있었다. (심지어 자기 외동딸 이름도 실비아 비치라고 지었을 정도이다.) 그는 먼저 실비아의 장서를 사들인 뒤, 셰익스피어 탄생 400주년이 되는 해인 1964년에 서점 이름까지도 물려받았다. 그렇게 해서 셰익스피어 앤드 컴퍼니는 망각의 위기를 넘기고 새 주인의 손을 통해 다시 한 번 부활했다.

조지 휘트먼, 이 괴짜 같은 인물은 수완 좋은 사업가인 아버지와 신앙심이 깊은 어머니 사이에서 태어났다. 하지만 그는 모범적인 형제들과 달리 어려서부터 여러모로 부모의 기대에 어긋난 아들이었던 모양이다. 그럴듯한 집안에서 돌연변이 같았던 그는 청교도의 삶을 버리고 일찍감치 집을 떠나 자유로이 세상을 방랑하는 쪽을 선택했다. 그러면서 자신이 사회주의자, 무신론자, 반전론자라고 자처하며 비트 세대(beat generation)의 시인들과 함께 급진적인 시를 쓰기도 하며 젊은 날을 열정적으로 보냈다.

그는 또한 마르크스주의자이기도 했는데, 마르크스의 '줄 수 있는 것을 주고, 필요한 것을 취하라'는 정신을 따라 방랑하는 영혼들을 위해 셰익스피어 앤드 컴퍼니의 문을 활짝 열어 놓았다. 그는 베풀기를 즐기는 사람이었다. 특히나 책을 사랑하고 글을 쓰는 사람이라면 가리지 않고 호의를 베풀었다. 그 누구든 하루에 두 시간만 서점 일을 돕는다면 서점 한쪽에서 잠을 자고 책을 읽고 글을 쓸 수 있도록 배려했다. 서점 안 여기저기에 열세 개의 낡

이곳의 첫 주인 실비아 비치가 쓴 「셰익스피어 앤드 컴퍼니」에는, 그녀가 이곳에서 처음 서점을 시작하던 설렘과 그동안 만난 작가 친구들과의 진솔한 이야기가 그려져 있다. 한편, 조지 휘트먼이 운영하던 시절에 관한 이야기는 이곳에서 몇 년 동안 침대를 빌려 썼던 캐나다 작가 제레미 머서가 쓴 「시간이 멈춰선 파리의 고서점」에 생생하게 기록되어 있다. 셰익스피어 앤드 컴퍼니는 지금은 조지 휘트먼의 딸 실비아 비치 휘트먼이 뒤이받아 운영하고 있다.

은 침대들이나 작은 조명이 놓인 책상이 있는 것은 다 그런 이유 때문이었다. 이런 곳에서 도대체 어떻게 잠을 잘 수 있겠냐고 의아해하는 사람들도 있겠지만, 세계 각지에서 찾아와 이 서점에서 신세를 진 사람들이 4만 명에 이르는 걸 보면 뜻밖에도 책벌레들이 많은가 보다. 휘트먼이 살아 있을 때에는 배고픈 이들을 위해 언제나 따뜻한 수프가 마련되어 있었고, 주말에는 그가 손수 만든 팬케이크를 맛볼 수도 있었다. 그런 그가 좋아하던 말이 있다.

"낯선 사람에게 친절하게 대해 주세요. 어쩌면 위장한 천사일지도 모른답니다."

서점 한가운데 통로 위에 붙어 있는 이 글귀는 옆에서 책을 읽고 있는 낯선 사람도 천사처럼 여겨지게 하는 이상한 매력이 있다. '휴머니즘의 성지, 문학의 박물관'이라 불리는 이곳에서는 책장에 꽂혀 있는 책들마저 행복해 보인다. 그래서인지 자기가 쓴 책을 여기에 몰래 꽂아 놓고 말없이 사라지는 작가들도 더러 있다.

셰익스피어 앤드 컴퍼니 중앙 통로 위에 적혀 있는 글: "낯선 사람에게 친절하게 대해 주세요. 어쩌면 위장한 천사일지도 모른답니다." 아일랜드의 시인 예이츠의 시에서 따온 글이다. 서점의 두 번째 주인 조지 휘트먼은 이 글을 좋아했을 뿐더러 실제로 그대로 실천했다.

사라져 버린 기억의
이야기

포일즈

Folyes

113-119 Charing Cross Rd London, Greater London WC2H 0EB, United Kingdom
+44 20 7437 5660

한때 이 서점은 50킬로미터나 되는 가장 긴 책장을
보유한 것으로 기네스북에 오르기도 했다.
포일즈의 독특한 진열 방식은 새 책과 헌책을 구분 없이 섞어 놓는 것이다.

시간은 언제부터 사라지는 것일까. 현재에서 과거로 넘어가는 그 경계점은 어떤 모습을 하고 있을까. 만일, 바로 여기 지금 이 순간에 내가 먼 과거의 길을 떠올리고 있다면 그것은 무슨 시간이라고 불러야 할까. 밝은 조명 아래 가지런히 진열된 인기 도서와 아기자기한 문구와 흑백 엽서 앞에서 이젠 사라지고 없는, 서점의 과거를 떠올리며 새삼 그런 생각에 잠겼다.

물론, 이 서점이 사라져 버린 것은 아니다. 한때 50킬로미터에 이르는 최대 진열 공간으로 기네스북에 오르기도 했던 이 서점은 분명 그 자리를 그대로 지키고 있다. 다만, 옛 모습이 온데간데없이 사라져 버렸다는 것이다. 하지만 그것이 왜 이 서점과는 아무 관련 없는 여행자인 나에게 아련한 느낌을 자아내는 걸까. 그나마 서점 역사 백 년의 마지막 흔적을 간직한 방을 보았던 기억 때문일까? 상업적인 대형 서점임에도 불구하고 내가 이곳에 마음을 빼앗긴 까닭은, 시간의 흐름을 거스르며 비현실적으로 버티고 있는 그 공간 때문이었다. 서점 한쪽에 'Antiquarian and Rare Books(희귀 고서)'라고 표시된 금빛 팻말과 반쯤 열린 문 사이로 보이는 고서들과 갈색 트위드 재킷을 갖춰 입은 신사의 모습이란! 문턱 하나로 과거와 미래의 경계가 나뉘는 영화 '해리 포터'의 한 장면 같았다.

최근 런던에 다시 갔을 때에도 그 기억을 떠올리며 단숨에 달려갔다. 하지만 그 방은 거짓말처럼 사라지고 없었다. 마침 바쁘게 서류를 정리하던 파마머리를 한 젊은 점원에게 물었지만, 그는 조금 귀찮은 듯한 목소리로 이곳에서 몇 해나 일한 자신도 그런 방은 한 번도 본 적이 없다고 말하는 게 아닌가. '그렇다면 그때 내가 들어갔던 그 방은 뭐였지?' 의아해하는 내게 점원은 기다려 보라고 하더니 잠시 뒤에 돌아와서는, 그 방은 네 해 전에 사라졌다고 했다. 지난날 내가 방문했을 때 본 그 신사는 아마도 마지막 방 정리를 하고 있었던 모양이다. 하는 수 없이 허탈한 마음으로 포일즈의 북카페에 앉아, 즐겁게 수다 떠는 사람들을 물끄러미 바라보며 기억을 떠올려 보았다. 마치 그렇게 해서 주술처럼 과거를 불러내려는 듯.

때는 1903년으로 되돌아간다. 윌리엄과 길버트 포일즈 형제는 함께 공무원 시험을 준비했는데, 안타깝게도 사이좋게 나란히 낙방하고 만다. 상심한 두 형제는 참고서적들을 팔아 술이나 마시자는 생각으로 신문에 한 줄짜리 책 판매 광고를 냈다. 그런데 뜻밖의 반응이 왔다. 그 책들을 사겠다는 사람이 한둘이 아니었던 것이다. 어차피 공무원이 되려던 꿈도 포기한 터라, 이참에 형제는 아예 헌책 장사를 해 보기로 마음먹었다. 그렇게 해서 집 한쪽에서 조그맣게 시작한 헌책 장사가 포일즈의 출발이었다. 사업을 시작한 첫해에는 판매 실적이 형편없었다. 기대와는 달리 연간 수익이라곤 고작 10파운드뿐이었다.

하지만 일단은 버텨 보자는 생각으로 사업을 이어 간 덕분에, 형제는 얼마 지나지 않아 시내에 작은 가게를 차릴 수 있게 되었다. 이후 서점은 탄력을 받아 빠르게 성장하기 시작하는데, 저 유명한 포일즈 밴이 책을 싣고 런던 시내를 달리는 모습이 등장한 것도 바로 그즈음이었다. 그로부터 여섯 해 뒤, 더욱 몸집을 불린 포일즈는 지금의 차링 크로스에 자리 잡으며, 런던 최고의 교육 서적 판매상으로서의 입지를 굳혀 나갔다.

그러던 중 세계대전이 터졌다. 영국도 덩달아 참전하게 되면서 런던 또한 폭격 위험에서 벗어날 수 없었다. 그 혼란스러운 시기에 윌리엄 포일즈는 남다른 배짱을 보였다. 독일에서 나치가 엄청난 양의 책을 불사르고 있다는 소식을 들은 그는 히틀러 총독에게 편지를 한 통 보냈다. 내용인즉슨, 아까운 책들을 그냥 태워 버릴 바에야 자기한테 넘기면 특별히 값을 잘 쳐 주겠다는 것이었다. 하지만 곧바로 답장을 보낸 히틀러는, 자기는 전혀 그럴 의사가 없으며 책들을 계속해서 불태울 것임을 분명히 밝혔다. 히틀러가 보낸 답장에 자존심이 상했던 탓일까. 다른 사람들이 지붕에 모래주머니를 쌓아 폭격으로부터 건물을 보호할 때, 윌리

히틀러의 저서 『나의 투쟁』은 어린 시절의 고난에서부터 독일 수상이 되기까지 그를 이끌어 온 정치철학을 담은 '나치즘의 바이블'로서, 현재는 파시즘의 연구 자료로 읽히고 있다.

엄은 모래주머니 대신에 히틀러가 쓴 「나의 투쟁」을 포일즈 지붕에 잔뜩 깔아 놓았다. 과연 그 덕분이었는지는 알 수 없으나, 포탄은 포일즈 지붕을 아슬아슬하게 비켜가 바로 맞은편에 있는 태양 전기사 건물만 완전히 폭파했다.

이 독특한 주인장 윌리엄이 서점을 이어갈 후계자로 점찍은 인물이 바로 자기 딸 크리스티나였다. 그녀는 열일곱 살 때부터 이미 아버지의 비서로서 서점 일을 거들었다. 과연 그 아버지에 그 딸이었는지, 그녀 또한 호락호락한 인물이 아니었다. 윌리엄은 크리스티나가 고작 스물한 살이었을 때, 스탈린주의자인 어느 러시아 사람에게 외상값을 받아 내라고 보내기까지 했다.

크리스티나가 서점에서 가져온 성공적인 시도는 서점이 주최하는 문학 오찬이 있다. 그녀는 아버지를 설득하여 당시 영국에서 이름을 떨치던 작가인 조지 버나드 쇼George Bernard Shaw, 허버트 조지 웰스H. G. Wells, 짐 배리Jim Barrie 등을 섭외하여 강연을 부탁했는데, 이 문학 오찬은 곧바로 대단한 성공을 거두었다. 평소에 좋아하던 작가, 사상가, 유명인들의 이야기를 듣기 위해 런던 각지에서 사람들이 모여들었고, 많을 때는 2,000명까지도 몰려왔다. (그 뒤로 오늘날까지 여든 해에 걸쳐 문학 오찬에 초대된 주인공은 1,000여 명에 이른다.) 하지만 크리스티나는 독단적인 성격 탓에 서점 직원들과 마찰이 잦았다. 불만이 가득 쌓인 직원들이 파업에 돌입한다 할지라도 그녀는 합의점을 찾으려는 의사를 전혀 보이지 않았다. 대신 주로 사용한 대처 방식은 무더기 해고였다. 그 바람에 남게 된 직원들은 영어가 미숙한 외국인이나 딱히 갈 곳

없는 무능한 직원들뿐이었다. 결국, 서점은 점차 손쓰지 못한 책들이 여기저기 먼지에 덮인 채 창고처럼 되어 갔으며, 손님도 점원도 그 누구도 어디서부터 책을 찾아야 할지 도무지 알 수 없는 지경이 되었다.

그렇지 않아도 복잡한 서점을 더욱 혼란스럽게 한 것은 책값을 치르는 방식이었다. 사람만큼이나 기계도 신뢰할 수 없었던 크리스티나는 전자계산기나 캐시어를 도입하지도 않으면서, 직원들이 현금을 다루지 못하게 하려고, 손님이 먼저 청구서를 받고 창구에서 돈을 지불한 다음에 책을 찾으러 가야 하는, 세 단계에 걸친 번거로운 지불 과정을 거치도록 했다. 당연히 사람들의 원성은 높아질 수밖에 없었고, "만일 카프카가 서점을 운영했다면, 아마도 포일즈처럼 되었을 것이다"는 말이 유행처럼 퍼졌다. 그 일로 서점에 대한 비난이 어찌나 심했는지, 오히려 사람들이 궁금해서 한 번쯤 들러 보는 관광 명소가 될 정도였다.

포일즈 서점의 옛 모습.

1999년, 크리스티나가 세상을 떠나자, 서점 운영권을 건네받은 조카 크리스토퍼는 서둘러 대대적인 개혁을 감행했다. 5층 건물은 현대식으로 단장해서 제법 서점다워졌다. 하지만 그 대신 과거 기억은 사라지고 말았다. 그나마 남았던 고풍스러운 방 한 칸마저 사라졌으니 이제는 눈감고 옛 흔적을 떠올려 보는 수밖에 없다.

편지에만 남은 서점

차링 크로스 84번지

84 Charing Cross

차링 크로스는 백 년 전부터 고서점들이 모여 있는 초록빛 거리이다.
애서가들이라면 누구나 꿈꿨을 유럽 고서점의 전형을 이곳에서 만날 수 있다.
진귀한 고서들과 옛 지도들, 아름다운 삽화들 사이를 걷고 있으면,
그 오랜 시간 동안 이 서점들이 쌓아 왔음직한 추억들이 궁금해진다.

런던에서의 하루는 워털루 역 근처에 있는 한적한 카페 옥상에서 차와 토스트로 간단하게 아침을 먹은 뒤, 런던 교를 지나 차링 크로스까지 걷는 산책으로 시작된다. 영국 홍차까지 마시고 난 열 시쯤이면 정장 차림으로 자전거 페달을 밟으며 출근하는 회사원들 모습도 사라지고, 가벼운 옷차림의 런던 시민이나 여행자들만 눈에 띌 뿐이다. 강바람이 기분 좋은 런던 교를 지날 때면 저 아래에서 배를 타고 지나가는 여행자들이 손을 흔든다. 그 모습에 나도 겸달아 손을 흔들어 인사하기도 한다.

차링 크로스라는 거리 표지를 만날 때마다 가슴이 설레온다. 이곳은 백 년 전부터 고서점들이 모여 있는 초록빛 거리로, 애서가라면 누구나 꿈꿨을 유럽 고서점의 전형을 만날 수 있다. 진귀한 고서들과 옛 지도들, 아름다운 삽화들 사이를 걷고 있으면, 그 오랜 시간 동안 이 서점들이 쌓아 왔을 추억들이 궁금해진다. 그 가운데에서 지금은 사라지고 없지만, 차링 크로스 84번지에 있었던 옛 서점 마크스 앤드 컴퍼니(Marks & Co.)의 오래전 이야기가 책으로 나온 덕분에 과거 모습을 조금이나마 엿볼 수 있게 되었다. 많은 엉뚱한 이야기의 시작이 그렇듯이, 이 이야기 또한 말도 안 되는 편지 한 통으로부터 시작된다. 편지를 보낸 사람은 뉴욕에서 작가를 꿈꾸며 하루하루를 겨우 살아가는 미국인 아가씨 헬렌 한프Helen Hanff이고, 그 편지를 받게 되는 사람은 차링 크로스의 한 고서적 상인이었다.

헬렌은 오래전부터 영국 문학과 고서적에 대해 막연한 동경을 품고 있었다. 현실은 비록 난방조차 되지 않는 허름한 방에서 좀이 슨 스웨터를 껴입고 소일거리로 대본을 검토하는 처지였지만, 그럼에도 어떻게 하면 그럴듯한 제본의 워즈워스 시집을 구할 수 있을 것인지 궁리했다. 그녀의 영국 문학에 대한 동경과 호기심은 열일곱 살 때부터 시작되었다.

화창한 어느 날 오후, 문학소녀 헬렌은 도서관에 갔다가 우연히 한 신사와 마주쳤다. 그 신사는 바로 케임브리지 출신의 학자인 퀼러 쿠치였는데, 그녀는 단정한 신사복 차림과 날카로운 눈빛에 마음을 빼앗기고 만다. 분명 주위에 항상 보던 미국 남자들과는 다른 매력이었다. 그를 향한 그녀 마음이 존경이었는지 아니면 사랑이었는지 모를 일이지만, 아무튼 그날 이후 그녀는 그가 읽는 책을 읽고, 그가 생각하는 것을 생각하고 싶은 마음에 영국 문학에 집착하기 시작했다.

하지만 몇 해가 지나도 그녀가 처한 현실은 뉴욕에 있는 작고 허름한 방이었고, 여전히 그녀는 글을 썼다가 버리기를 쳇바퀴 돌듯 되풀이할 뿐이었다. 그러던 어느 날, 그녀는 바다 건너 런던의 차링 크로스 84번지로 편지를 보낸다. 첫 편지를 쓴 날짜는 1949년 10월 5일로 기록되어 있다.

"토요문학평론지에 귀하가 낸 광고를 보니 절판 서적을 전문으로 다룬다고 하더군요. 저는 '희귀 고서점'이라는 말만 봐도 기가 질리곤 하는데, 그것은 '희귀' 하면 값이 비쌀 거라는 생각부터 들기 때문입니다. 저는 희귀 고서적에 취미가 있는 가난한 작가입니다. 여기에서는 제가 원하는 모든 것을 아주 고가의 희귀본이나 아니면 이것저것 끼적여 놓은 반스앤드노블의 학생판으로밖에는 구할 수가 없습니다. 제가 절박하게 구하는 책 목록을 동봉합니다. 목록 가운데 깨끗하면서 한 권당 5달러가 넘지 않는 헌책이라면 어느 것이라도 구매 주문으로 여기고 발송해 주시겠습니까?"

이 엉뚱한 편지를 받은 사람은, 유서 깊고 자존심 있는 고서점 마크스 앤드 컴퍼니에서 구매 책임자로 있던 프랭크였다. 그는 편지를 받은 뒤, 책 몇 권을 세심히 골라 그녀에게 보내 주었다. 그로부터 몇 주 뒤, 환상 속 왕국인 영국에서부터 건너온 책을 받게 된 헬렌은 환희에 넘쳤다. 그녀의 지루한 삶에도 빛이 찾아온 셈이었다. 이것이 그녀가 보낸 답장이다.

"책이 무사히 도착했어요. 스티븐슨은 무척 훌륭하여 제 누런 골동품 책장이 부끄러울 정도랍니다. 이 부드러운 고급 피지와 뽀얀 상앗빛 책장은 함부로 만지지도 못하겠고요. 미국 책들의 창백한 백지와 딱딱한 마분지 표지만 보아 온 저로서는 책을 만지는 일이 이런 즐거움도 줄 수 있다는 것은 미처 몰랐답니다."

매번 호들갑스러운 말투로 편지를 보내오는 그녀에게 런던의 프랭크도 꼬박꼬박 답장을 했다. 과묵한 성격에 책을 정리하며 하루를 보내던 그 또한 이 엉뚱한 미국 아가씨의 편지를 은근히 기다렸던 모양이다. 우연한 인연으로 시작된 편지는 장장 스무 해라는 긴 세월 동안 이어지는데, 편지에는 요크셔 푸딩을 만드는 법이나 엘리자베스 여왕 2세의 대관식 같은 다양한 소식이 오고 갔다. 아마도 그녀는 벌이가 변변찮아 책값과 우표 값을 치르느라고 정작 자신은 굶주린 날도 많았을 테지만, 그런 가운데서도 언젠가 포일즈를 방문하리라 기약하며 틈틈이 돈을 모았다.

"뉴먼이 도착한 지 일주일이 되어 가는 이제야 마음이 진정되네

요. 이 책을 종일 탁자 위에 두고 타자를 하다가 한 번씩 만져 보곤 해요. 이게 초판이라서가 아니라 이렇게 아름다운 책은 난생처음 보기 때문이에요. 이걸 제가 소유한다는 사실이 살짝 죄책감마저 들어요. 은은하게 빛나는 가죽과 금박 도장과 아름다운 서체는 영국 어느 시골 가정의 소나무 책장에나 어울릴 만한 품격이에요. 이 책은 벽난로 옆에 놓인 가죽 안락의자에서 읽어야 제격이지 이런 누추한 단칸방의 다 망가진 적갈색 장식벽 옆에 놓인 중고 겸용 소파에서 읽을 건 아니네요."

헬렌은 점차 런던에 있는 서점 직원들 사이에서도 유명해졌는데, 사람들은 먼 뉴욕에서 책을 주문하는, 헬렌이라는 여성이 지적이고 교양이 넘칠 거라고 마음대로 상상했다. 물론 가난한 무명작가일 뿐인 그녀는 그들의 궁금증에, '브로드웨이의 거지만

큼은 총명하게 생겼다'고 대꾸하기는 하지만, 그런 그들의 환상이 싫지는 않았을 것이다. 영국이 한창 전쟁 중이었을 때, 헬렌은 프랭크 가족뿐만 아니라 서점에 일하는 사람들을 위해 식량까지 부쳐 주었다. 그 선물을 받은 사람들이 너도나도 그녀에게 감사 편지를 부치면서 편지 왕래는 더욱 늘어났다.

"저는 마크스 서점에서 2년 가까이 도서 목록을 만드는 일을 하고 있습니다. 소포를 보내주실 때마다 번번이 한몫을 나눠 받고 있습니다. 그래서 매우 고맙다는 인사를 드리고 싶습니다. 저는 올해로 일흔다섯 되신 증조할머니와 함께 살고 있는데, 제가 살코기와 혓바닥고기 통조림을 집으로 가져갔을 때, 기뻐하던 할머니 얼굴을 보았더라면 우리가 얼마나 감사하는지 느낄 수 있었을 겁니다. 저 멀리 떨어진 곳에서 누군가가 본 적도 없는 사람들에게 그렇게 친절하고 자상할 수 있다는 것을 생각하면 마음이 훈훈해집니다. 서점의 다른 분들도 모두 같은 생각일 것입니다."

"제 집사람은 이제 저보고 잠자리만 받는 하숙생이라고 부릅니다. 하지만 탐스러운 고기까지 들고 집으로 가자 집사람은 저를 썩 괜찮은 남자라 여기며 모든 것을 용서해 주더군요. 그렇게 많은 양의 고기를 한 덩어리로 본 것은 참으로 오랜만의 일이었습니다."

헬렌과 프랭크는 몇 번이나 방문 시기에 대해서 이야기했지만, 안타깝게도 이 둘의 만남은 끝내 이루어지지 못했다. 그녀가 방문하기를 기다리던 프랭크가 갑작스러운 심장병으로 세상을 떠났기

때문이다. 그가 죽고 세 해가 지나서야, 헬렌은 그토록 그리던 차
링 크로스 84번지를 찾아갔다.

하지만 그 자리에 서점은 없었다. 마치 지난 스무 해 시간이 한갓
꿈이 아니었을까 싶은 정도로 아무것도 남아 있지 않았다. 프랭
크가 세상을 떠나자 서점은 문을 닫게 된 것이다.
이제 그녀한테 남은 거라고는 오로지 편지들뿐이
었고, 편지 속의 기억이 전부였다. 미국으로 되돌
아온 헬렌은 계속해서 글쓰기를 이어 가지만, 작
가로서 이름을 걸 만한 작품은 남기지 못했다. 다
만, 그녀와 프랭크가 주고받은 서신들을 엮은 책
만 유일하게 사랑받는 작품으로 남았을 뿐이다.

헬렌 한프와 프랭크 도일이
스무 해 동안 주고받은 편
지를 수록한 책「차링 크로
스 가 84번지(34, charing
cross road)」에 대해, 어떤
이들은 이 편지의 내용을
영국 문학에 대한 미국 문
학의 선망으로 해석하기도
한다. 우리나라에는「채링
크로스 84번지」라는 제목
으로 소개되어 있다.

평생 뉴욕에 살던 그녀이지만, 런던의 차링 크로
스 84번지야말로 그녀한테는 현실이 아니었을까.
환상이 현실이 된다는 건 분명 멋진 일이다. 차링
크로스를 지나치는 사람한테도, 그리고 멀리에서
나마 이곳에 애정을 두고 함께한 그녀에게도….

희비극이 교차하는 서점 극장

북숍 시어터

The Bookshop Theatre
51 The Cut, SW1 8LF London, United Kingdom
+44 20 7620 2900

'북숍 시어터,' 곧, 서점 극장이다.
서점 문을 밀고 들어서니 한눈에 들어오는 것은
브레히트나 사무엘 베케트의 연극 대본들, 보들레르의 시집, 알랭 바디우나 지젝과 같이
좌파 성향이 뚜렷한 학자들의 책이다.

내가 살고 있는 이 세상은 하나의 거대한 연극에 불과하지 않을까. 만일 이 모든 것이 한갓 연극이라면, 조명이 꺼지고 커튼이 내려지고 나면 마법이 풀리듯 집으로 되돌아 갈 수 있는 거라면, 지금의 상황도 견딜 만하지 않을까. 그런 생각에 현실을 외면하고 연기를 하듯 살아가는 사람들이 있다. 이것이 익숙해지면 삶 전체가 아예 연극이 되어 버리는, 그래서 현실과 비현실을 구분할 수 없게 되어 버리는, 현실과 비현실이 뒤바뀌어 버리는 병에 걸리고 만다. '연기성 인격 장애'라는 이 병의 특징은 과도한 감정 표현과 몰입이다.

하지만 정작 연극은 그 반대의 목적을 가지고 있다. 무대 위에 올려놓고 조명을 밝히는 순간, 세상은 이전까지 알고 있던 모습과는 다르게 보인다. 모든 것이 갑자기 의미를 갖는다. 그리고 이미 있었지만, 미처 보이지 않던 의미도 비로소 드러난다. 그래서 연극 무대는 결코 비현실적인 곳이 아니라, 그 어느 현실의 공간보다도 현실적인 공간이다. 그렇기에 사소한 소품들에서도, 미세한 대사와 몸짓에서도 우리는 의미를 찾으려고 한다. 그것은 무의미한 대사와 행동으로 이어지는 사무엘 베케트Samuel Beckett 의 「고도를 기다리며」에서조차도 마찬가지다. 오히려 부조리함에서 의미가 더 부각되고, 무의미함마저 의미가 되고 만다.

영국은 셰익스피어 덕분인지 연극 공연이 사람들에게 일상처럼 익숙한 곳이다. 특히나 런던의 워털루 역 부근에는 유명한 극장들이 모여 있다. 그 가운데 '올드 빅Old Vic'이라는 극장은 1818년에 지어진 극장으로, 전쟁 중에 폭격을 당하기 전까지는 셰익스피어의 극을 올리는 대표적인 극장이었다. 몇 차례 수리를 거쳐 현재 모습을 되찾은 뒤로 미국의 영화배우 케빈 스페이시가 아트 디렉터로 영입되면서 관심을 끌기도 했다.

그런가 하면, 근처에는 올드 빅에서 분리되어 나온 '영 빅Young Vic'이라는 극장도 있는데, 이곳 역시 주로 고전 작품을 무대에 올리지만 이따금 클라이브 오웬이나 주드 로 같은 인기 배우들이 등장하기도 한다. 덕분에 영국의 연극 거리는 늘 젊고 활발하게 느껴진다. 시끌벅적한 젊은 인파와 분위기 좋은 퍼브pub 때문만은 아닌 것 같다.

그날도 독일인 친구 아넷을 빨간 이층 버스에 태워 보낸 뒤 홀로 걷고 있었다. 그러다가 늦게까지 문을 열어 놓은 작은 책방이 우연히 눈에 들어왔다. 서점 이름은 '북숍 시어터The Bookshop Theatre,' 곧, '서점 극장'이었다.

서점이 어떻게 극장인 걸까? 호기심에 이끌려 그 앞에 멈추어 서니, 쇼윈도에는 이라크전을 감행한 조지 부시를 주제로 한 책들이 진열되어 있었다. 그리고 부시가 한 말이 쇼윈도라는 무대 위에 드러나 있었다. "알다시피 내 일 중에 가장 어려운 부분은 전쟁의 공포를 이라크와 연관시키는 것입니다(You know one of the hardest parts of my job is to connect Iraq to the war or terror)."

조지 부시야말로 연기성 인격 장애를 겪고 있는 것이 아닐까. 그는 연극과 현실을 혼동하고 있는지도 모른다. 그렇게 생각하며 나는 반쯤 열린 서점 문을 밀고 들어섰다. 한눈에 들어오는 것은 브레히트Bertolt Brecht나 사무엘 베케트의 연극 대본들, 보들레르Charles Baudelaire의 시집, 그리고 알랭 바디우Alain Badiou나 슬라보예 지젝Slavoj Zizek과 같이 좌파 성향이 뚜렷한 학자들의 책들이었다.

손님 없는 서점에서 홀로 책을 정리하던 주인 아저씨는 어딘가 모르게 서슴없이 대화를 트기에 편해 보였다. 자신을 세르지오 아미고라고 소개한 그는 아르헨티나에서 온 이민자라고 했다. 아, 체 게바라의 나라 아르헨티나! 아미고 씨는 젊은 시절에 고국에서 혼란스러운 정세를 겪어서인지 사회주의 운동이나 문화 운동에 대해 이야기할 때면 목소리가 열정적으로 높아졌다.

연극에, 책에 그리고 좌파라니. 어쩌면 사람들은 무의미한 시도라며 고개를 가로저을지 모르겠다. 하지만 무의미라고 해도 무대 위로 올라오는 순간 의미가 있어 보이는 것처럼, 아저씨는 의

미의 한계를 시험해 보고 있는 건 아닐까. 내가 고개를 끄덕이며 경청을 하자 아저씨는 재미있는 곳을 보여 주겠다며 서점 안쪽으로 나를 안내했다.

책장 사이의 커튼이 걷히자 그제야 '서점 극장'이라는 이름의 의미가 이해되었다. 좌석 수는 그리 많지 않지만, 극장의 구실은 제법 갖춘 그럴듯한 무대가 그 뒤로 드러났다. 마침 그날은 보들레르의 시를 낭독하는 밤이었다. 그리고 그 다음 주에는 독립 영화를 상영할 예정이라고 했다. 연극은 준비 중이라며 두 달 뒤에야 올리게 된다고 했다. 그러면서 동양인 배우가 필요한데 혹시 연기를 할 수 있느냐고 물었다.

"그대 보았는가. 우리만 유독 불행한 것이 아니야. 이 넓은 세상이라는 극장에서는 지금 우리가 연기하고 있는 장면보다 더 슬프고 애처로운 야외극이 진행되고 있다네." —셰익스피어

파리의
영어 서점들

갈리냐니 외

Librairie Galignani

224 Rue de Rivoli 75001 Paris, France
+33 1 42 60 76 07

17세기가 끝날 무렵 안토니오 갈리냐니는 베니스를 떠나 런던으로 가서, 그곳에서 만난 인쇄업자의 딸과 결혼한다. 그 뒤 파리로 옮겨 간 그는 독서실이 딸린 영어 서적 전문 서점을 여는 동시에, 대륙에 살고 있는 영어 사용자들을 고객으로 한 일간신문 '갈리냐니 통신'도 창간했다.

유럽 대륙에서는 처음으로 문을 연 영어 서적 전문 서점인 갈리냐니를 찾으려고 지도를 들고 돌아다니다가 결국, 반나절을 낯선 파리의 골목에서 보내고 말았다. 길이 거미줄처럼 얽힌 파리에서 헤매지 않을 여행객은 거의 없을 것이다. 그럼에도 길을 잃는 것이 썩 나쁘게 여겨지지 않는 이유는 골목마다 새로운 서점이 나타나기 때문이다. 결국, 갈리냐니를 발견한 것은 지친 다리를 쉴 겸해서 안젤리나라는 호화로운 베이커리에서 현기증이 날 만큼 달콤한 몽블랑 과자를 하나 먹고 나오는 순간이었다. 안젤리나에서 나오자마자 그 바로 옆에, 마치 기다리고 있었다는 듯, 입구부터 남다른 전통을 알리는 간판 글 'The First English Bookshop Established on the Continent(대륙에 설립된 최초의 영어 서점)'이 대리석에 자랑스레 새겨져 있었다.

어릴 적 인도에서 지낼 때 나는 한국어로 된 책을 구할 수가 없어 그나마 이민 가방에 딸려 온 「몬테크리스토 백작」을 너덜거릴 때까지 읽곤 했다. 워낙 좋아하는 이야기라서 수십 번을 되풀이해 읽어도 큰 불만은 없었지만, 만일 그 시절에 책을 마음껏 읽을 수 있었다면 이토록 책에 한 맺힐 일도 없지 않았을까 싶다. 처음 인도에 도착해 이민 가방을 풀었을 때에 내가 챙겨 넣은 도스토예프스키의 「죄와 벌」도 나왔다. 물론, 꼭 필요한 물건들로만 간소하게 짐을 꾸려 왔다고 생각한 부모님은 「죄와 벌」을 보고 경악해 마지않았다. 지금 생각해 보면, 열세 살짜리가 도스토예프스키를 이해할 리가 없지만. 나는 한국어가 고플 때마다 그 책을 펼쳐 읽곤 했다.

시간이 흘러 영어를 배우게 되고 수업도 따라가게 되면서 가장 만족스러웠던 것은, 유명한 회사에 취직할 가능성이 높아져서도 아니고 외국인한테 척척 말을 걸 수 있게 되어서도 아니었다. 세상에 내가 읽을 수 있는 책들이 엄청나게 늘었다는 점이 단연 최고로 신 나는 일이었다.

아마도 프랑스에 사는 영어권 사람들은 이전에 내가 겪은 책에 한 맺힐 일 따위는 없을 것이다. 프랑스에는 이미 1801년부터 영어 서적 전문 서점 갈리냐니가 있었으니 말이다. 우리나라에서는 노론의 벽파가 어린 순조 뒤에서 한창 신유박해를 하고 있을 때, 스탕달Stendhal(1783-1842)은 이 서점에 앉아 한가로이 영어 신문이나 월터 스코트Walter Scott의 소설을 읽고 있었다니 여러모로 영어권 사람들은 축복을 받은 셈이다.

물론, 독자가 한정된 타국에서 무겁고 값비싼 영어 책을 보급하기 위해서는 어쩔 수 없이 편법이 동원할 수밖에 없었다. 그 방편으로, 갈리냐니는 영국에서 서적을 프랑스로 들여와 해적판을 찍어 판매하기 시작했다. 문제는 저가의 해적판이 영국으로 역수출되는 상황까지 벌어진 것이다. 이에 대해 자존심이 강한 영국 출판계는 크게 분노했다. 그럼에도 갈리냐니가 승승장구할 수밖에 없었던 이유는, 출판이 관한 한 이 집안의 해박한 지식과 사업 수완을 따라올 자가 없었기 때문이다.

출판업계에서 보기 드문 역사와 전통을 자랑하는, 이탈리아 출신의 이 가문은 인쇄 혁명 초기부터 출판업을 해 왔으니, 1520년에 베니스에서 인쇄된 라틴어 사전을 출판한 기록도 있을 정도다. 그뿐만 아니라 16세기, 17세기에 인기 도서이던 프톨레마이오스Ptolemaeos(85-165)의 1597년판 「지리학(geography)」도 갈리냐니 가문이 출간했다. (알려졌다시피, 프톨레마이오스는 천동설을 완성한 고대 그리스의 천문학자이자 지리학자이다.)

17세기가 끝나 가던 무렵, 안토니오 갈리냐니Giovanni Antonia Galignani는 베니스의 경제 침체를 피해 런던으로 떠나게 되고, 그곳에서 만난 인쇄업자의 딸과 결혼한다. 이 영국인 부인(그녀 또한 인쇄소 출신)과 함께 파리로 건너온 뒤에 시작한 일은 당연히 양쪽 집안 대대로 이어온 출판업이었다. 그는 독서실이 딸린 영어 서점을 여는 동시에, 대륙에 사는 영어 사용자들을 고객으로 한 일간신문 '갈리냐니 통신(Galignani's Messenger)'도 창간했다. 당시 그의 잡지 일을 도운 영어권 작가들로는 바이런George Gordon Byron, 워즈워드William Wordsworth, 윌리엄 새커리William Makepeace Thackeray, 월터 스코트가 있었다. 갈리냐니는 그들에 대한 감사 표시로 그들의 책을 출간해 주기도 했다.

파리에는 갈리냐니 말고도 영어 서점이 제법 많다. 갈리냐니를 찾아 헤매다가 우연히 발견한 곳만 해도 여러 곳이 된다. '빨간 손수레'라는 뜻을 가진 아담한 서점 레드 휠배로 The Red Wheelbarrow의 문을 열고 들어섰을 때, 순간 들리는 '헬로우'라는 인사가 얼마나 반가웠는지 모른다. 모두 '봉주르'를 말하는 세상에서 친숙한 영어로 소통할 수 있다는 것만으로도, 나는 그가 누구든지간에 단번에 친근함을 느낄 수 있었다.

또 다른 영어 서점인 버클리 북스 Berkeley Books에서도 마찬가지였다. 미국식 억양이 강한 주인 아저씨는 프랑스에서 영어 책을 찾고 있는 동양 여자애가 신기한 듯 말을 걸어왔다. 혹시 찾는 책이 있느냐는 질문에 나는 없다고 말하기가 미안해서 그 서점에 결코 없을 것 같은 책을 하나 둘러댔다. "프랑스 작가 조르주 베르나노스 Georges Bernanos(1888-1948)의 「어느 시골 신부의 일기」라는 책의 영문 번역본을 찾는데요." 그러자 아저씨는 어디선가 본 적 있는 것 같다며 책더미를 여기저기 들춰 보는 것이 아닌가. 그러더니 정말 거짓말처럼, 그 책 중고 영문판을 꺼내어 먼지를 탁탁 턴 뒤에 건네주었다. 아, 이럴 수가! 역시 이곳엔 없는 책이 없다. 결국, 예정에 없이 또 책을 한 권 사고 말았다.

"이것이 진리이고, 이것이 신화라고 수많은 책에서 말하지만 그 무엇이든 사랑이 엮어 주지 않는다면 모두 바벨탑에 지나지 않을 것이다." — 괴테

폐허에서 새록새록 자라는
문화 공간

와핑 프로젝트 서점

The Wapping Project Bookshop

Wapping Hydraulic Power Station Wapping Wall, London E1W 3SG, United Kingdom
+44 20 7680 2080

이 작은 서점에서 불가능이란 없다. 목요일 저녁마다 작가를 초대하여
함께 낭독을 하거나 공연을 한다. 추운 겨울에는 화원 안의 따뜻한 난롯가에 모여 앉아
이야기를 나누고, 여름에는 문을 활짝 열어 정원까지 의자를 놓고
템즈 강에서 불어오는 바람을 즐길 수 있다.

새삼 런던이 오래된 도시라고 실감할 때는 사람들 옷차림을 볼 때이다. 어찌 된 노릇인지, 서울에서 입던 딱 떨어지는 단정한 옷이나 윤기 나는 구두는 도무지 이 도시에 어울리지 않는다. 그런 차림으로 밖에 나섰다가는 단번에 눈에 띄기 마련이다. 그 대신 할머니 옷장에서 꺼낸 듯한, 꽃무늬 만발하고 어깨에 한껏 '뽕'이 들어간 원피스를 입고 나서야 그나마 튀지 않고 자연스레 거리 풍경에 녹아들 수가 있다. 말하자면, 존 레넌 같은 차림을 하고 지나가는 사람은 신기할 것도 없지만, 21세기식 옷차림은 사람들의 시선을 끌기 십상이다. 그래서 런던에 갈 때면 가장 먼저 하는 일 가운데 하나가 빈티지 가게를 찾아가 헌 옷 더미를 뒤져 누군가가 수십 년 전에 입었을 법한 옷과 신발로 최대한 멋스럽게 (혹은 촌스럽게) 갈아입는 일이다.

오래된 옷차림이 어울리는 이유는 아마도 런던이라는 도시를 구성하고 있는 환경 때문일 것이다. 백 년은 족히 넘어 보이는 벽돌 건물들 사이로 클래식 자동차가 오가는 거리를 걷거나 아치 모양의 굴다리 아래를 지날 때면 마치 시간이 오래전에 멈춰 버린 것이 아닐까 하는 착각에 사로잡히지만, 어느 순간 골목 하나만 돌면 번쩍이는 고층 건물들이며 스마트폰을 만지작거리는 도시인들이 눈에 들어온다. 그러니 이곳 런던에서만큼은 시간은 흘러가는 것이 아니라 쌓여 간다는 느낌이다.

오래된 것에 대한 애착이 유난스럽다 할 만큼 강한 영국인들이니 재활용은 당연한 습관이다. 옷가지나 찻잔에서부터 자동차나 건축물에 이르기까지, 이 민족에게는 재생 불가능한 물품이란 없나 보다. 옛 건물을 최대한 훼손하지 않고 창의적으로 재탄생시키는 일 또한 영국인들의 특기이다.

일례로, 세계적인 미술관으로 손꼽히는 거대한 규모의 갤러리 테이트 모던Tate Modern은 지난날에는 화력발전소였다. 이름난 건축가 길버트 스코트Giles Gilbert Scott(그는 영국의 빨간 공중전화 부스 디자인으로도 유명하다)가 설계한 이 발전소는 오랫동안 런던 중심부에 전기를 공급해 왔다. 그러다가 1981년에 그 수명을 다했지만, 발전소 건물의 사명은 그것으로 끝이 아니었다. 테이트 재단은 영국 정부와 함께 발전소의 외관은 그대로 두고 내부를 개조하여 현대적인 미술관으로 재탄생시켰다. 테이트 모던의 상징이 우뚝 솟은 굴뚝인 것은 그 이유에서이다.

테이트 모던 갤러리보다 규모가 훨씬 작아서 '베이비 테이트Baby Tate'라고도 불리는 와핑 프로젝트 또한 수력발전소 건물을 개조한 것으로, 현대 예술 작품을 전시하고 공연하는 복합 문화 공간으로 활용되고 있다. 이 프로젝트를 감독한 호주 출신의 연

와핑 프로젝트 정원에 마련된, 유리 화원같이 생긴 이 서점은 작가인 리디아 풀톤Lydia Fulton이 처음 시작했다. 지금은 기자이자 편집자인 벤자민 이스탐Benjamin Eastham이 운영하고 있다.

극 연출가 줄스 라이트Jules Wright는 발전소가 1933년 문을 닫은 뒤 폐허로 남겨진 이 장소에서 실험 공연을 한 적이 있었다. 당시 발전소는 온통 잡초와 이끼로 무성하게 덮여 마치 요정의 화원을 연상시켰다고 한다. 그 몽환적인 모습에 매혹된 그녀는 거금 4백만 파운드를 들여 그곳을 대대적으로 수리했다. 그리하여 지금은 작가, 안무가, 패션 디자이너, 영화감독, 시각 예술가들이 맘껏 실험을 펼칠 수 있는 문화 공간으로 다시 태어났다. 지하실은 미술 작품 등을 전시하는 갤러리 공간이고, 1층에는 고급 레스토랑 와핑 푸드Wapping Food가 있는데, 녹슨 기계들 사이에 촛불을 밝힌 레스토랑에서 스테이크를 썰고 포도주를 기울이는 광경은 묘한 운치가 있다.

공간에 대한 실험은 이곳의 서점에까지 이어진다. 와핑 프로젝트의 정원에 있는 이 재미있는 서점은 물론 평범하지 않다. 입구에 손글씨로 '와핑 프로젝트 북숍Wapping Project Bookshop'이라고 적혀 있는 이곳의 책들은 마치 빼곡히 피어난 꽃처럼 보인다. 그것은 여느 서점처럼 콘크리트 벽에 나무 책장이 아니라, 정원 한쪽에 있는 아담한 유리 화원 속에 꾸며 놓은 서점이기 때문이다. 마치 동화와도 같지 않은가. 이 투명한 유리 화원 서점은 고정관념을 거부하는 와핑 프로젝트의 또 하나의 개성이다.

서점 안에 들어서면 다리가 긴 한 젊은이가 앉아 가게를 보고 있다. 서점에는 와핑 프로젝트에서 전시한 예술 작품 도록들을 비롯하여 여러 예술가의 작품집과 예술 이론에 관련된 책들이 주로 갖추어져 있다. 책들 사이로 꽃씨를 담은 바구니가 매달려 있어 누구든지 꽃씨를 가지고 갈 수 있게 해 놓았다.

비록 규모는 작지만, 이 유리 화원 서점에서 하지 못할 일은 없다. 목요일 저녁에는 작가를 초대하여 함께 낭독을 하거나 공연을 한다. 마침 내가 이곳을 찾은 날이 목요일이어서 정원에 자리를 깔고 신선한 초가을의 저녁 바람을 맞으며, 모여든 사람들과 함께 독립 영화를 보았다. 추운 겨울에는 서점 안의 따뜻한 난로 주위에 모여 앉아 이야기를 나누고, 여름에는 문을 활짝 열어 정원에까지 의자를 놓고 템즈 강에서 불어오는 바람을 즐길 수가 있다.

목요일 저녁마다 문화 프로그램을 운영하는 와핑 프로젝트 서점이 야외 정원에서 영화를 상영하고 있다.

달콤한
천국의 한 조각

프림로즈 힐

Primerose Hill Books

134 Regent's Park Rd Greater London NW1 8XL, United Kingdom
+44 20 7586 2022

스무 해가 넘은 세월 동안 작은 거리 한쪽을 지키고 있는 서점이다.
그 세월 덕분에 젊던 주인 부부도 어느덧 노부부가 되었지만, 이곳은 수많은 손님과
근처에 사는 작가들과 함께 보낸 추억들로 가득하다.
손님마다 알맞은 책을 추천해 주는 세심한 배려로도 소문이 자자하다.

부모로서 가장 하기 힘든 일 중 하나가 자기도 한때는 어린아이 였음을 떠올리는 일이다. 하지만 런던의 작은 골목에 있는 이 아기자기한 서점을 보고 있자면 적어도 이곳의 오랜 단골들은 그렇지 않을 것 같다. 왜냐하면, 아이들과 이곳을 찾는 단골들 가운데에는 어린 시절 그들 또한 이곳에서 동화책을 읽으며 자란 사람들이 제법 많기 때문이다. 스무 해가 넘도록 작은 거리 한쪽을 지켜 온 덕분에, 젊던 주인 부부도 어느덧 노부부가 되었지만 그런 세월만큼이나 그들은 마을 사람들에게 친근한 장소와 친절을 베풀어 왔다

서점 내부는 보통의 집 거실 크기로 그리 넓지는 않지만, 이곳에 진열된 책 하나하나는 주인의 세심한 고민을 거쳐 선택된 것임을 느낄 수 있다. 그 어느 것도 지나칠 수 없는 훌륭한 읽을거리로 채워져 있는데, 그중에서도 동화책 컬렉션은 아이들 마음을 사로잡기에 전혀 부족함이 없다. 지구 반대편에서 자란 내게도 익숙한 동화책들을 몇 권 꺼내 보면서 나는 새삼스럽게 어린 시절을 떠올렸다.

흔히들 '동화 같다'는 표현을 쓸 때에는 행복한 환상을 연상하기 마련이지만, 아무래도 내 어린 시절은 그렇지가 않았던 것 같다. 심리학자들이 집요하게 어린 시절의 기억을 파헤치려는 데에는 다 이유가 있는 게 아닐까. 어린 시절이란 마녀나 괴물처럼 사뭇 기이한 이야기가 나오는 동화책과도 같다.

어른이 되어서 동화책을 다시 꺼내 읽다 보면 새삼 놀라게 된다. 헨젤과 그레텔은 끓는 가마 속에 마녀를 던져 넣지를 않나, 빨간 망토 소녀는 할머니를 잡아먹은 늑대의 배를 가르고 돌덩이를 집어넣지를 않나. 사실은 온갖 잔혹한 사건과 기이한 음모가 여기에 다 모여 있다. 어릴 적엔 별 생각 없이 웃으면서 읽던 이야기인데, 이런 이야기들이 과연 아이들에게 적합하기나 한 걸까?

그림 형제의 동화집.

애초에 그림 형제가 이 이야기들(백설공주, 라푼젤, 헨젤과 그레텔, 신데렐라, 늑대와 일곱 마리 아기 염소 등)을 쓸 때에는 어린이를 위한 동화를 염두에 둔 것은 아니었다고 한다. 사실은 그림 형제는 일종의 낭만주의 운동으로, 민족 언어와 문학 발전을 위해 민담을 수집해서 책으로 엮은 것이었다. 하지만 초판이 나오자 의도와는 달리 어린이들이 주된 독자층이 되었다.

그렇다면 아이들은 왜 이토록 무섭고 선정적이기도 한 민담을 아무렇지 않게 읽으며 재미있어했을까. 이런 현상에 대해 어떤 학자들은 그 시대의 아이들은 오늘날과 달리 '동심' 자체가 없었기 때문이라고 한다. 그렇게 보는 근거는, 중세라는 시대가 워낙 죽음과 중노동과 잔인함의 시절이었으며, 추위나 가난 탓에 온 가족이 한 방에서 지내다 보니 아이가 부모의 성행위를 목격하는 일도 비일비재했을 뿐더러, 민담이 지니는 잔인성이나 선정성에 충격을 받거나 거부반응을 일으키지 않았다는 것이다. 하지만 그런 논리로는 오늘날 안락한 배려와 적절한 보호 속에 자라는 아이들도 여전히 고전 동화를 즐기는 현상을 설명할 수가 없다.

또 어떤 학자들은 독일의 민족성이 본디 잔인해서 어린아이 때부터 무서운 이야기를 즐긴다고 주장한다. 이런 주장에 따라, 영국은 2차 세계대전 뒤에 한때 이야기의 잔혹함이 나치의 강제수용소를 연상시킨다는 이유로 그림 형제의 동화를 출판하지 못하게 금지한 일도 있었다. 그러나 이 주장도 설득력이 없기는 매한가지다. 왜냐면, 민담의 잔혹성은 독일뿐만 아니라 다른 민족들에게서도 동일하게 나타나기 때문이다. 만일 옛 민담과 어린아이 사이에 연결고리를 찾는다면 아마도 양쪽 다 놀라울 정도로 순수하다는 점에 있을 것이다. 순수함은 순진함을 초월한다. 그 안에는 욕망이 정제되지 않은 채 뒤섞여 있다. 그것이 이 이야기들이 시대와 장소를 불문하고 순수한 아이를 사로잡을 수 있었던 이유일 것이다.

어른들이 우려하는 것과는 달리 아이들은 동화가 허구임을 알고 있다. 동화를 읽으며 의험을 느끼거나 고통스러워하지 않는 이유는 그것이 어디까지나 마법과 환상의 나라에서 일어나는 일이기 때문이다. 게다가 선과 악의 구분이 명백하고 권선징악이라는 법칙에 맞춰 행복한 결말이 뒤를 잇는다. 착한 주인공과 악한 적이 깊은 산 속에서 서로 칼을 겨누고 있을 때, 아이의 마음속에서는 불안과 어두움을 물리치려는 싸움이 일어난다. 하지만 결국, 왕자는 무시무시한 용을 물리치고 아름다운 공주를 무사히 구출한다. 아기 돼지들은 견고한 벽돌집에서 안락한 잠에 빠진다. 한껏 고조된 공포는 끝이 나고 아이들은 웃으며 손뼉을 친다.

물론, 롤랑 바르트Roland Barthes 같은 학자는 동화에서 나타나는 선명한 권선징악이 대중을 편협하게 만들고, 왕자의 사랑을 기다리는 공주의 모습이 여성을 수동적으로 만든다고 비판하기도 한다. 하지만 그런 건 어른들이 다른 영역에서 고민할 문제가 아닐까. 동화는 동화만의 고유한 영역이 있다. 그곳은 논리로 설명할 수 없는 근원적인 영역이며, 입에서 입으로 전해지는 동안 수없이 각색되고 다듬어진 순수 원형이다.

어린 시절 좋은 책과 훌륭한 어른을 만난 아이는 훗날 행복한 삶을 살 수 있게 된다.

바바라 G. 워커의 '흑설공주'나 제임스 핀 가너의 「정치적으로 올바른 베드타임 스토리(Polit-ically Correct Bedtime Stories)」같은, 수많은 흥미로운 재해석이 고전 동화나 민담만큼 오래도록 지속하지 못하는 이유도 그 때문일 것이다.

눈을 돌려 보니 작은 책방 한쪽에서 어머니가 아이에게 동화책을 읽어 주고 있다. 그 이야기에 온갖 표정을 지으며 빠져드는 아이의 모습을 본다. 하나의 과거가 또 다른 미래와 만나는 경이로운 순간이다. 문밖에는 주인을 기다리는 커다란 개 한 마리가 있고, 금발의 작은 여자아이가 아장아장 걸어가 이 낯선 개를 쓰다듬는다. 헌책방 앞을 지나가던 사람들도 잠시 멈춰 이들에게 인사를 한다. 거짓말처럼 평화로운 장면이다.

복잡한 세상 한구석에서 마치 동화의 한 장면처럼 자리 잡고 있는 서점이 있다. 이곳은 기이한 환상의 세계이지만, 언제나 행복한 결말로 끝나는 이야기들로 가득하다.

환상 같은 현실의 고서점

쥬솜므

Librarie Jousseaume
45 Galerie Vivienne, 75002 Paris, France
+33 1 4 2 96 06 24

유리 천정으로 들어오는 자연광에 은은히 빛나는 아름다운 고서점. 이백 년 동안 가족 대대로 이어져 온 이 서점의 주인은 김치와 김기덕 영화를 좋아한다.

런던, 뉴욕, 파리…, 이 도시들은 그 이름만으로도 꿈에 휩싸이게 한다. 우리가 이 유명한 도시를 여행하고 싶은 이유는 책이나 영화를 통해서만 보았던 머릿속 환상의 장소를 실제로 체험할 수 있다는 기대감 때문이 아닐까. 하지만 현실은 그런 꿈과는 상당한 차이가 있다. 대부분은 어깨를 짓누르는 가방의 무게와 피곤한 다리, 이방인이라고 힐끔힐끔 바라보는 시선들, 그리고 레스토랑에서 흘러나오는 고소한 냄새에 고픈 배를 갈래야 하는 실질적인 일들로 이어진다. 하지만 현실에서의 경험은 골방 속에서 나 홀로 빚어내곤 하던 희미하고도 불완전한 세상과는 또 다른 기쁨을 준다. 환상이 깨어지는 순간에만 실감할 수 있는 게 있다.

'아, 나는 지금 살아 있구나!' 처음으로 내게 그런 경험을 알게 해 준 것은 윌리엄 터너(Joseph Mallord William Turner)의 그림 '눈보라'를 찾아 떠났던 모험이었다. 어릴 적 히말라야 지하 도서관에서 발견한, 폭풍이 휘몰아치고 눈보라 날리는 윌리엄 터너의 그 그림은 억누를 길 없던 내 감정과 머나먼 미지의 세상의 상징으로 다가왔다. 그때 그 그림을 한참씩 들여다볼 때마다, 언젠가는 그림을 보러 런던에 가리라 다짐하며 그 앞에 서 있을 내 모습을 상상했다. 상상만으로도 정말 멋진 일이었다. 회사를 그만두었을 때, 맨 처음 할 일은 바로 그 그림을 보러 가는 일이라고 생각했다. 나는 곧장 떠났다. 그때는 떠난다는 것이 운명처럼 느껴졌고, 그래서 마냥 신이 났다. 런던에 도착해 숙소에다 짐 가방을 풀기 무섭게 달려간 곳은 바로 그 그림을 소장하고 있는 테이트 미술관이었다. 미술관 가는 길을 내달리며 나는 속으로 외쳤다. '터너 씨, 지금 내가 가고 있답니다!'

하지만 내 환상은 여지없이 깨졌다. 막상 도착한 미술관에서 나는 그 그림을 찾을 수가 없었다. 혹시나 놓쳤나 싶어 다시 한 번 미술관을 돌아도 마찬가지였다. 결국, 안내원에게 물어보니, 돌아오는 대답은 간단했다. "아, 그 그림은 며칠 전에 미국으로 순회 전시를 떠났네요. 나중에 다시 오세요." 내가 방금 지구 반대편에서 그 그림을 보기 위해 날아왔다는 사실을 그 안내원은 상상이나 할 수 있을까. 귓가가 윙윙거리며 마음이 우르르 무너져 내리는 소리가 들렸다. 그러나 현실 세계에서는 그토록 실망스러운 마음도 어쩔 수 없이 현실적이다. 그것이 유럽 여행에서 처음 배운 교훈이었다. 그것도 첫날에.

그 덕분에 이튿날부터는 기대란 기대는 모두 내려놓은 채 출발할 수가 있었다. 환상이 현실을 방해할 일이 없으니 발걸음도 가벼워졌다. 그렇게 걷고 또 걸으며 나는 찰스 디킨즈(Charles John

Huffam Dickens)가 자주 찾았던 런던 골목의 오래된 선술집에서 차가운 맥주를 마셨고, 프란츠 카프카가 퇴근한 뒤 밤마다 글을 써 내려가던 프라하의 작은 집 창문을 물끄러미 바라보았다. 헤르만 헤세가 젊은 시절에 일하던 독일의 한 작은 마을에 있는 서점을 찾았고, 시인들의 시인이라 불리는 프리드리히 횔덜린 Friedrich Hölderlin이 방 안에 갇혀 창으로 보았을 숲 너머 계곡을 향해 한참을 서 있었다. 그때마다 내가 만난 것은 책 속에서 읽었던 과거의 먼 나라 사람들이 아니었다. 비로소 나는 그들을 이해할 수가 있었고, 그들 또한 내 시간의 일부가 되는 것을 체험했다. 그것은 바로 '지금 이 순간'이었고, 공기의 빛깔과 주위의 잡음으로 뒤섞인, 날것 그대로의 순간이었다.

비록 시작은 윌리엄 터너의 '눈보라'를 보기 위해 떠났던 여행이었지만, 오랜 여정을 거쳐 집으로 되돌아올 즈음, 내 마음은 오히려 다른 기억들로 가득 채워져 있었다. 취리히 밤거리를 헤매던 나에게 따뜻한 잠자리를 제공해 준 헤르만 아저씨 가족, 전혜린이 바라보던 뮌헨의 하얀 백조들, 독일 대학생들과의 떠들썩한 술잔치. 하나같이 떠날 때에는 전혀 상상할 수도 없었던 일들이었다.

마침내 그 그림과 마주하게 된 것은 그로부터 몇 년이 지난 뒤였다. 뉴욕에서의 토요일 오후였고, 별다른 계획이 없어 산책하던 날이었다. 운동화 끈을 질끈 묶고 푸른 숲이 우거진 센트럴파크를 가로질러 메트로폴리탄 박물관에 다다랐을 때였다. 높다란 나무들 사이를 지나며 공원에서 파는 핫도그나 사 먹을까 생각하던 참에, 갑자기 내 눈앞에 나타난 것은 박물관의 전시 홍보 배너였다. 바람에 천천히 흔들리는 배너에는 이렇게 쓰여 있었다. '윌리엄 터너 특별전.' 그리고 마치 나를 기다리고 있었다는 듯 그림 '눈보라'가 거짓말처럼 걸려 있었다.

환상과 현실을 오가며 그 간극을 좁혀 가는 일. 그것이야말로 책방 여행의 묘미가 아닐까. 아무리 책 속에, 영화 속에 있는 일이라 할지라도, 그곳으로 달려간다면 바로 내가 그곳의 현실이 될 수 있다. 환상을 현실로 만들어 가는 놀이를 하기에는 그 어디보다도 파리가 제격이다.

파리에는 서점이 어찌나 많은지 날마다 다른 서점을 찾아다닌다 해도 일 년 안에 다 볼 수 없을 정도라고 한다. 골목을 돌 때마다 새로운 서점이 나타나는 이 경이로운 도시는 오래전부터 애서가들한테는 꿈의 장소로 그려지곤 했다. 파리에서의 하루는 아침 일찍 숙소에서 나와 야외 카페에서 진한 에스프레소를 마신 뒤, 부지런하게 문을 여는 서점부터 찾아가는 것으로 시작되었다.

그날도 한 서점에 들어가 아멜리 노통브, 베르나르 베르베르의 책을 들여다보면서, 왠지 서울의 교보문고에서 보던 한국어 번역본을 보는 것과는 느낌이 다르다는 생각을 하고 있는데, 마침 한쪽에 내 눈길을 끄는 책이 있었다. 「파리의 앤티크 가게들」이라는 책이었다. 호기심에 몇 장을 들춰 보니 오래된 카페, 옷 가게, 가구점, 보석 가게, 모자 가게 등 파리의 온갖 유서 깊은 가게들이 망라되어 있는 게 아닌가. 그 가운데에서도 책장을 넘기던 내 손

"아름다움이란 우리가 간신히 견디어 내는 무서움의 시작일 뿐이므로, 우리 이처럼 아름다워 경탄하는 까닭은, 그것이 우리를 파멸시키는 것 따위는 아랑곳하지 않기 때문이다." —릴케

을 멈추게 한 사진은 유리 천정으로 들어오는 자연광에 실내가 은은히 빛나는 아름다운 고서점, 쥬솜므였다. 이백 년 전부터 가족 대대로 이어져 오고 있는 이 서점의 사진을 본 순간, 나는 지체 없이 주소를 적고 그곳으로 가는 지하철을 탔다. 거리가 미로처럼 얽혀 있는 파리의 골목길을 가판대에서 산 고소한 버터 향의 크레페를 우물거리면서 얼마쯤 걷자 고풍스러운 자태의 아케이드 갤러리 비비안느 Galarie Vivianne가 나타나고, 곧이어 사진에서의 그 아름다운 서점이 눈앞에 나타났다. 이곳을 찾는 데 불과 삼십 분밖에 걸리지 않았다.

유리 지붕에서부터 내리비치는 햇살 때문일까. 진열대 너머로 보이는 프랑스의 고서들이 몽롱한 꿈처럼 은은한 빛을 자아냈다. 유리창으로 서점 안을 들여다보니 책에서 본 서점 주인이 정말로 거기에 앉아 있었다. 아까 본 그 책에서, "이 서점의 주인 쥬솜므는 말없이 컴퓨터 뒤에 앉아 카탈로그를 정리하고 있지만, 플로베르(Gustave Flaubert)의 희귀본이 어디 있는지 물으면 바로 일어나 찾아 줄 수 있다"고 했다. (물론 플로베르의 책이 어디 있는지 모를 서점 주인이 세상에 어디 있겠는가마는!)

주인아저씨는 서점 밖에서 눈을 동그랗게 뜨고 유리창 안을 한참이나 기웃거리는 동양 여자애를 은근히 의식하는 듯했다. 드디어 문을 열고 조심스레 들어가자 안경을 쓰고 콧수염을 기른 아저씨는 내 쪽을 힐끔 쳐다보고는 필요한 것이 있으면 말하라고 했다.

책에서의 설명을 떠올리며 나는 살짝 긴장했지만, 인사를 나누고 대화를 시작하자 주인아저씨는 결코 '말없이 컴퓨터 뒤에 앉아 있는 유형은 아니었다.

내가 한국에서 왔다고 하자 단번에 반가운 표정을 지으며, 자기는 김기덕 영화를 좋아하고 또 김치를 좋아해 이따금 한국 가게에서 장을 본다는 사실을 자랑처럼 늘어놓았다. 그는 마침 심심한 터에 잘됐다는 듯 수다를 한 보따리 풀어놓았다. 김치와 김기덕 영화라니. 내가 "무언가 참 마이너한 취향을 가졌군요!" 하니, 아저씨는 "「신 엘로이즈(Julie ou la Nouvelle Heloise)」의 오래된 판본에 관심 있는 동양 여자애도 날마다 볼 수 있는 건 아니지!"라고 대꾸했다.

서점 한쪽에 있는 그의 부모님 흑백 초상화와 옛날 포스터, 오래된 피아노와 화려한 샹들리에가 매달린 천정 그리고 고전적인 아름다움을 지닌 나선식 계단. 어느새 사진에서 보던 낯선 쥬솜므는 사라지고, 익숙하고 친근한 실제의 쥬솜므가 나를 에워쌌다. 이백 년이라는 시간을 고스란히 품고 있는 바로 그 공간에 내가 들어와 있다. "아저씨, 저는 이 서점이 정말 마음에 들어요. 나중에 파리에 다시 오면 여기에서 꼭 일할 수 있게 해 주세요!" 하고 부탁했다. 서점을 떠날 때에도 난 이미 단골이라도 된 듯, "다음에 또 올게요!"라며 씩씩한 목소리로 인사하고 나왔다. 그날 밤 나는 자리에 들며 오늘 아침과는 달리 또 하나의 환상을 내 현실로 가져왔다는 생각에 슬며시 미소를 지었다. 이래서 난 여행이 즐겁다.

센 강변의
헌책 노점상들

아나톨 프랑스 거리

Left bank of river Seine

예부터 작가와 예술가들이 한가로이 강바람을 맞으며 책을 들춰 보던 이곳은
파리를 배경으로 하는 소설이나 영화에도 빈번히 등장하곤 했다. 이곳을 즐겨 찾던 피츠제럴드,
헤밍웨이 같은 미국 작가들에 의해 '레프트 뱅크Left Bank'로 불렸다.

센 강에서부터 불어오는 바람에 나뭇잎이 떨어지고, 도로를 지나는 연인들의 수다 소리에 대해서는 무방비한 공간. 그 누구의 것도 아니지만, 동시에 모두의 일부분이기도 한 센 강 가녘길에는 시간을 잊은 듯한 헌책방들이 끝 모르게 즐비하다. 대체로 행인을 상대로 하는 노점은 언제 자리를 폈다가 또 언지 사라질지 알 수 없지만, 3킬로미터나 이어지는, 갖가지 헌책을 늘어놓은 이 거리 가게들은 어떤 이유에서인지 버젓한 건물에 자리한 여느 서점보다도 오래도록 명물로 남아 있다. 아마도 옛것에 대한 수호 의지나 자존심이 그 누구보다도 강한 파리 사람들 덕분이리라. 이 거리의 헌책방들은 도시 계획으로 몇 차례나 철거 위기를 맞았지만, 파리 시민의 구명 운동 덕분에 여전히 그 자리를 지킬 수가 있었다.

예부터 작가와 예술가들이 한가로이 강바람을 맞으며 책을 들춰보던 이곳은 파리를 배경으로 하는 소설이나 글, 영화에 빈번히 등장하곤 했다. 물론, 그럴듯한 간판을 걸어 놓은 서점들은 아니기에 '센 강변에서 고서적을 파는 노점'이라고 하거나, 이곳을 즐겨 찾던 피츠제럴드, 헤밍웨이 같은 미국 작가들에 의해 '레프트 뱅크Left Bank'로 불리긴 했지만, 파리 출신의 작가 아나톨 프랑스Anatole France의 이름을 따서 '아나톨 프랑스 거리'로 불리는 구간도 있다.

아나톨 프랑스는 센 강변에서 고서점을 하던 집에서 태어났다. 어려서부터 아버지의 서점 일을 도와온 그가 책에 매혹된 것은 자연스러운 일이었다. 책과 함께 어린 시절을 보낸 그는 어른이 되어서도 출판사 편집자, 프랑스 의회 도서관 사서를 거치며, 그야말로 평생 책과 더불어 살았다. 시인이면서 기자와 소설가도 겸했던 그는 드레퓌스 사건으로 프랑스가 충격에 빠졌을 때에도 에밀 졸라를 지지하는 서명을 한 바가 있다. 1921년에는 노벨문학상을 받았으며, 프랑스 지식인들이라면 누구나 꿈꾸는 가장 영예로운 자리인 아카데미 프랑세즈 회원으로 뽑히기도 했다. 아나톨 프랑스의 매력은 아마도 그 특유의 아이러니함이 아닐까 싶다. 아나톨 프랑스가 남긴 어록 몇 가지를 들어 보자.

"거짓말이 섞이지 않은 역사책은 대단히 지루하다." "지혜롭게 생각하고 어리석게 행동하는 것이 인간의 본성이다." "약점이 없는 인간이야말로 지독하다. 도무지 이들을 이용해 먹을 틈이 없다." 그리고 상당한 책벌레이며 수집가였던 그가 책 수집에 대해 남긴 명언이야말로 압권이다. "그 누구에게도 책을 빌려 주지 마라. 내 서재에 있는 책들만 보더라도 죄다 남들이 내게 빌려 준 것들이다."

물론, 그의 아이러니를 오해하면 곤란하다. 아나톨 프랑스의 아이러니란, 어디까지나 인간다움에 대한 또 다른 표현일 뿐이니까. 대략 이런 식의 아이러니가 아나톨 특유의 아이러니지만, 그가 센 강변 고서적 상인들에게 준 도움을 보면 누구보다도 휴머니스트이기도 하다. 어쩌면 낡은 외투에 모자를 쓰고 책들을 지키고 있는 고서적 상인들의 모습에서 아버지를 떠올려서였을까. 그는 센 강 가녘을 산책할 때마다 한 노점에서 먼지 덮인 책더미에서 몇 권을 골라 돈을 치르고는, 조금 떨어진 다른 노점상들에게 그 책을 무료로 나누어 주는 것이 취미였다고 한다. 그가 이곳에 대해 쓴 글만 보더라도 이 거리에 대한 애정을 엿볼 수 있다.

"가로수가 있고, 책이 있고, 그리고 여인이 지나간다. 여기는 세계에서 가장 아름다운 곳."

이 거리에 대해 남다른 추억을 가진 사람이 또 있다. 또 다른 아카데미 프랑세즈 회원이며, 굉장한 장서가로 알려진 자비에르 마르미에르Xavier Marmier다. 프랑스 작가인 그는 여행을 워낙 좋아해서 가까운 스위스, 벨기에, 네덜란드는 말할 것도 없고 러시아, 시리아, 알제리아 등지까지 두루 다니며 책을 썼다. 언제나 바쁘게 세계를 돌아다니느라 좀처럼 자신의 집에는 잘 머물지 않았다고 하지만 결국, 그가 찾은 집처럼 행복하고 안락한 장소는 즐겨 거닐던 센 강 가녘이었나 보다. 당시에 가판대 한쪽에서 정신없이 책을 뒤지고 있는 그의 모습을 어렵잖게 발견할 수 있었다니 말이다. 마르미에르는 세상을 떠나기 전에 평생 모은 엄청난 장서를 고향인 퐁탈리에르 공립도서관에 기증했지만, 센 강 가녘 거리도 잊지 않고 유언장에 다음과 같은 부탁을 남겼다.

"센 강 가녘 좌안에 있는 헌책방들을 거닐면서 누렸던 행복한 순간들, 내 삶에서 가장 즐거웠던 순간들을 기념하는 뜻에서, 나는 그 헌책방 주인들에게 1,000프랑을 남기는 바이다. 쉰 명쯤 되는 착하고 정직한 그들이 이 돈으로 즐겁게 저녁식사를 하면서 나를 기억해 주기 바란다. 이것은 생 미셸 다리와 르와얄 다리 사이의 센 강 가녘 좌안을 날마다 거닐면서 지적으로 충일한 시간을 가질 수 있었던 것에 대한 감사 표시이다."

오히려 즐거워 보이기까지 하는 그의 마지막 말처럼, 센 강 가녘의 서점들은 여전히 사라지지 않고 지나가는 이들의 시선을 끈다. 강에서 불어오는 여유로운 바람을 맞으며, 쥘 베른의 강렬한 붉은색 책들과 포스터 그림들을 구경하는 이 즐거움은 아무래도 쉽사리 사라지지 않을 것이라는 예감을 하며 나는 이 거리를 걷고 또 걸었다.

"자연에서는 가장 일찍 일어나는 새가 가장 많은 벌레를 잡는다. 하지만 도서 수집의 세계에서는 벌레를 보았을 때 그것이 벌레인 줄 알아채는 새가 모든 걸 차지한다." —마이클 새들러

주말 장터에서 발견한
여성 작가

노팅힐 주말 장터

Nottinghill street market

보통 1, 2파운드 헐값에 나오는 책들이지만, 그 사이에서도 소장 가치가
충분한 책이 간간이 숨어 있을 거라는 기대는 쉽사리 버리지 못한다.
그날 내가 발견했던 1943년 판 「제인 에어」도 그렇게 만난 책이다.

새로운 도시에 갈 때마다 나는 꼭 그곳의 주말 장터를 찾는다. 엽서 속의 이름난 유적지보다도 거리 장터만큼이나 사람들이 사는 모습을 생생하게 볼 수 있는 곳은 없기 때문이다. 가판대 위에는 상인이 자기 농장에서 직접 재배한 과일과 채소, 집에서 만든 소시지, 치즈 따위가 먹음직스럽게 진열되어 있다. 그런가 하면 그 자리에서 바로 구워 파는 따끈따끈한 크레페나 달콤한 와플의 향기가 사람을 꼼짝없이 사로잡는다. 마치 마법에 홀린 듯 나도 모르게 어느새 까치발을 하고 크레페를 주문하고 있다. "바나나와 초콜릿은 듬뿍 넣어 주시고요!"

그날도 마침 노팅힐의 주말 장터가 서는 날이었다. 주위에는 아이와 함께 유모차를 끌고 나온 여자들, 장바구니에 과일이나 야채를 담는 여자들, 가판대에 놓인 반짝거리는 귀걸이를 고르는 여자들로 붐볐다. 그 모습을 보고 있자니 겉모습은 이토록 다르게 생겼지만, 그들도 여느 한국 여자들과 다를 바가 없구나 싶었다. 여자들은 어디를 가든 여자인가 보다.

그곳에서 가장 내 관심을 끈 것은 단연 헌책들이었다. 보통 1, 2 파운드 정도의 헐값에 나온 책들이지만, 그 사이에서도 소장 가치가 충분한 책이 간간이 숨어 있을 거라는 기대를 쉽사리 버리지 못한다. 그날 내가 발견한 1943년 판 「제인 에어 Jane Eyre」도 그렇게 만난 책이다. 그 책을 보는 순간 나는 시선을 뗄 수가 없었다. 침울하게 걷고 있는 소녀들 가운데서 유일하게 눈을 치켜뜬 여자아이. 그 강렬한 눈빛은 나를 향해 무엇인가 호소하는 듯했다. 어쩌면 '제발 날 데려가 주세요'가 아니었을까. 나는 그 앞을 몇 번이고 서성이다가 결국 주머니를 털고 말았다. '오늘 크레페는 이렇게 날아가는구나.' 하지만 책장을 들추는 순간 그런 아쉬움은 단번에 사라졌다. 창가에 홀로 앉아 책을 읽고 있는 소녀의 삽화는 어딘지 모르게 히말라야 지하 도서관에서 책을 읽던 어린 시절의 내 모습과 닮아 보였기 때문이다.

이 이야기는 어느 여자들의 마음이든 사로잡아 버리는 마력이 있다. 누구든 한번 손에 들면 멈출 수 없이 빠져들게 되지만, 다 읽고 나면 참 기이하다는 생각을 떨칠 수가 없다. 고집 센 고아 소녀의 어두운 시절, 숙녀가 된 그녀가 사랑에 빠지게 된, 비밀에 싸인 다소 괴팍한 남자, 그리고 그 남자가 집 안에 숨겨 놓은 미치광이 부인. 그런 인물들이 주인공으로 등장하는 이 소설이 어떻게 해서 대중적으로 성공할 수 있었을까. 사실은 그게 더 기이하다.

1943년 랜덤 하우스가 펴낸 「제인 에어」에 사용된 삽화. 프리츠 아이컨버그의 작품이다.

1943년 랜덤 하우스가 펴낸 「제인 에어」 표지. 이 유명한 표지 그림은 독일계 미국인 일러스트레이터 프리츠 아이컨버그Fritz Eichenberg의 목판화 작품이다. 어둡고 슬프고 그한 긴장감으로써 소설의 분위기를 잘 전달하고 있다.

이 소설이 처음 출간된 1847년 당시에도 지금과 같이 여러 독자와 비평가들의 관심을 크게 끌었다. 다른 점이 있었다면 그 누구도 이 책의 저자가 샬롯 브론테Charlotte Bronte라는 여성임을 몰랐다는 사실이다. 「제인 에어」가 처음 출간되던 때에는 커러 벨 Curer Bell이라는 남자 이름을 달고 나왔다. 물론 그 누구도 그를 실제로 본 사람은 없었으므로 작가가 남성임을 의심한 사람은 없었다. 그런데 얼마 뒤 같은 성을 가진 작가에 의해 또 다른 소설이 등장했다. 이 소설 또한 평범하지 않은 내용으로, 이미 세상을 떠나 버린 첫사랑 여자에게 광적으로 집착한 나머지 둘 사이를 갈라놓은 모든 이에게 복수하는 남자와 죽어서도 원한을 풀지 못해 유령처럼 떠도는 여자의 이야기였다.

에밀리 브론테의 「폭풍의 언덕」.

「폭풍의 언덕(Wuthering Heights)」이라는 이 유명한 소설에 붙인 작가 이름은 엘리 벨Elli Bell이었다. 게다가 이제는 또다시 「아그네스 그레이Agnes Grey」라는 소설이 액톤 벨Acton Bell이라는 이름으로 출간되자, 사람들은 혹시 이 셋이 동일 인물이 아닐까 하고 추측하기도 했다. 심지어 출판사를 운영하는 조지 스미스조차 작가들을 직접 만나 본 일이 없었으므로 딱히 할 말도 없었다. 그러던 어느 날, 자신을 벨 삼총사로 밝힌 세 사람이 마침내 출판사를 찾아왔을 때, 조지 스미스는 깜짝 놀라고 말았다. 문 앞에서는 촌스러운 시골 처녀 셋이 벌벌 떨고 있었는데, 이들이 바로 이 작품들을 쓴 브론테 자매였던 것이다.

당시 여성이 책을 쓴다는 일은 상상하기 힘든 일이었다. 오히려 여성에게 지적 능력이나 창작력이라는 것이 있을까에 대해 의심하던 시대였으니 말이다. 만일, 여성이 책을 읽는다고 해도 그건 어디까지나 결혼할 남성을 위해 갖춘 최소한의 교양일 뿐, 자신의 지적 즐거움을 따라 책을 읽거나 자기주장이 담긴 글을 쓰는 것은 허용되지 않았다. 그랬던 탓에 여성이 글을 쓸 때는 비밀스럽게 신분을 감추는 일이 불가피했던 모양이다.

브론테 자매의 선배 격인 제인 오스틴도 마찬가지였다. 작은 테이블에 앉아 글을 쓰다가도 누군가 들어오면 화들짝 놀라 노트를 숨겼다는 그녀는 여러 편의 소설을 출간하는 동안 꼬리에 꼬리를 무는 필명만을 남겼을 뿐이다. 곧, 1815년에 소설 「엠마」를 발표할 때에 작가의 신분을 숨기고 다만 '오만과 편견의 저자'라고만 기록했다. 물론 「오만과 편견」에도 앞서 펴낸 '센스 앤드 센서빌리티의 저자'라고 했고, 「센스 앤드 센서빌리티」마저도 '어떤 숙녀'라고만 밝혔을 뿐이었다. 이처럼 여성 작가들이 베일 뒤에 숨은 채 책을 출판한 일은 비단 옛날 일만이 아니다. '해리 포터' 시리즈의 작가인 조앤 롤링(Joanne K. Rowling) 또한 초기에는 여성 작가라는 이미지를 숨기기 위해 전략적으로 J. K. 롤링이라는 필명을 선택하기도 했다니 말이다.

「오만과 편견」.

자유롭게 글을 쓴다는 것은 누구에게든 어려운 일이지만, 여성이라는 생물학적, 사회학적 특성은 그 어려움에 어려움을 더하는가 보다. 버지니아 울프도 예외는 아니었다. 어쩌면 악몽처럼 따라다니던, 어린 시절 이복형제한테서 당한 성폭행의 기억 때문이었을까. 그녀는 여성이라는 좌절감을 떨쳐버릴 수가 없었다. 그녀는 글을 쓰려고 방에 홀로 앉아 펜을 들 때면, 어김없이 '집 안의 천사'가 나타나 자신을 괴롭힌다고 한탄한 적이 있다. 그 천사는 좀처럼 사라지지 않고 끈질기게 옆에서 속삭였다. "여자는 헌신적이어야 해." "여자는 순수해야 해." "여자는 자기 생각을 솔직하게 말하면 안 돼."

결국, 참지 못한 울프는 방 안에서 이 천사와 격렬한 사투를 벌인 끝에 마침내 천사를 죽여 버리고 말았다. (물론, 그녀는 어디까지나 정당방위였음을 주장하지만.) 그렇게 해서 집 안의 천사가 사라지고 나서 그녀는 막상 홀로 방에 남겨진 자기 모습을 보고는, 그 낯선 모습에 당황한다. '나는 누구일까.' 결국, 그녀 자신도 모르는 그 문제는 글을 쓰며 알아 가는 수밖에 없었다. 그녀의 책 「자기만의 방」에는 다음과 같은 설정이 등장한다.

만일 셰익스피어에게 주디스라는 이름의 여동생이 있었다면, 그리고 그녀가 오빠만큼이나 모험심이 강하고 상상력이 풍부하며 세계를 알고 싶은 열망에 가득 차 있었다면, 틈틈이 오빠의 책들을 읽고 사과 창고에서 은밀히 몇 쪽의 글을 휘갈겨 썼더라면. 하지

버지니아 울프의 「자기만의 방」.

만 울프의 상상 속에서 주디스는 연극을 하고 싶은 열정에 떠돌아다니다가 배우 감독인 닉 그린의 아이를 갖게 되고, 어느 겨울밤에 스스로 목숨을 끊는다. 결국, '16세기에 위대한 재능을 가진 여성은 틀림없이 미치거나 자살하거나 아니면 마을 변두리의 외딴 오두막에서 절반은 마녀, 절반은 요술쟁이로서 공포와 조롱의 대상이 되어 일생을 끝마쳤을 것이다'라는 것이 울프의 견해였다.

여자로서 글을 쓴다는 의미를 다시 한 번 생각해 본다. 한국 최초의 여성 독일 유학생 전혜린이나 조선 여자로서 동경에서 회화를 공부하고 유럽 여행을 갔던 나혜석을 떠올려 본다. "여자도 사람이외다! 나는 그대들의 노리개를 거부하오. 내 몸이 불꽃으로 타올라 한 줌 재가 될지언정!" 하지만 슬프게도 그들은 평범한 삶을 살지 못했으며 죽음 또한 비극적이었다. 어려서 어머니와 형제들의 죽음을 목격했던 브론테 자매들은 하나같이 젊은 나이에 숨을 거뒀다. 샬럿은 결혼한 지 채 일 년도 안 되어 임신한 상태로, 에밀리 또한 결혼한 해 서른이라는 나이로, 그리고 앤은 스물아홉에 병사하고 말았다. 전혜린과 버지니아 울프는 자살했고, 나혜석은 길거리를 배회하다가 쓸쓸히 죽음을 맞이했다.

예나 지금이나 여자가 글을 쓰고 살아간다는 것은 분명 쉬운 일이 아닌가 보다. 하지만 「제인 에어」 표지 그림에서 본 그런 눈빛은 여자들만이 할 수 있지 않을까.

자본주의식
기억 창고

스트랜드

The Strands

828 Broadway New York, NY 10003, USA
+1 212-473-1452

1927년, 스트랜드가 책의 거리(Book Row)에서 처음 문을 열었을 때에는
서점 마흔여덟 곳이 즐비해 있었다. 이 거리는 1890년대부터 이미 맨해튼에서는
서점 밀집 지역으로 유명했다고 전해지는데 오늘날까지 남아 있는 서점은
스트랜드, 단 하나밖에 없다.

만일 런던에 살던 사람이 뉴욕에 간다면 어떤 느낌을 받을까. 사실 얼핏 보기에 외관은 비슷한 두 도시이지만, 그 사이에는 엄연한 차이가 있다. 그것은 바로 뉴욕은 모든 것에서 런던보다 약 1.5배 더 크다는 점이다. 건물 높이도, 거리 폭도, 자동차 길이와 햄버거와 스타벅스 그란데 크기도 그런데 여기에는 사람들의 엉덩이 둘레마저 예외가 없다. 이렇듯 무지막지함을 특징으로 지닌 만큼 세계에서 가장 큰 헌책방도 뉴욕에서 찾을 수 있다.

맨해튼 한복판, 유니언 스퀘어에 위치한 한 서점은 자본주의 국가의 약육강식의 법칙을 거쳐 대표적인 서점으로 살아남았다. 1927년, 스트랜드가 책의 거리(Book Row)에서 처음 문을 열었을 때에는 그 거리에 서점 마흔여덟 곳이 즐비해 있었다고 한다. 이 거리는 1890년대부터 이미 맨해튼에서는 서점 밀집 지역으로 유명했다고 하는데, 오늘날까지 남아 있는 서점은 단 하나 스트랜드밖에 없다. 스트랜드의 창업자인 벤 타스Ben Eass가 아들에게 물려준 뒤로 이 서점은 무려 열네 배나 확장되었고, 지금도 꾸준히 몸집을 키우고 있다. 퓰리처상 수상자인 조지 윌George

F. Will 기자는, 이 도시에서 지킬 만한 가치가 있는 8마일의 공간이 있다면, 그것은 바로 브로드웨이 구석의 스트랜드 서점 책장일 것이라고 말한 적이 있는데, 그로부터 몇 년 지나지 않아, 그 '지킬 만한 8마일'은 무려 18마일로 늘어났다. 형광등 아래로 끝없이 이어진 책장의 행렬. 헌책, 새 책, 재고 처리된 책, 홍보용 책, 희귀한 책 할 것 없이 무려 250만 권에 이르는 책들이 빼곡히 자리를 잡고 있어, 마치 대형 공장이나 창고를 연상시키는 이 서점은 이백 명이 넘는 직원들이 달라붙어 책들을 관리하느라 언제나 분주하다.

하지만 무엇보다도 거부할 수 없이 중요한 사실은 책값이 저렴하다는 점이다. 그래서 사람들은 너도나도 한 손에 바구니를 들고서 서가를 오가며 책들을 쓸어 담느라 바쁘다. 그러다 보면, 애초에 생각하지도 않던 책들을 한 아름씩 사 들고 가기 마련이다. 그런가 하면, 서비스 강국답게 책을 일일이 살피면서 고를 시간조차 없는, 돈 많은 손님을 위해 아예 취향에 맞춰 서재를 꾸며 주는 서비스까지도 제공한다. 책을 사는 이유 가운데 빈둥거리는 즐거움도 빼놓을 수 없다고 믿는 나 같은 사람은 결코 이해할 수 없는 소비 방식이지만, 어쨌든 시간이 돈인 손님의 편의를 위해 주제별로 30센티미터 당 얼마라고 계산해 서재를 만들어 주는 이 서비스를 실제로 이용하는 사람도 있다고 한다. (그중에는 스티븐 스필버그와 랄프 로렌도 있다.)

이처럼 수많은 손님과 수많은 직원이 북적이며 책을 사고파느라고 정신없는 와중에도 늘 조용한 공간이 이 서점에 있다. 아주 특별한 방으로, 희귀본들을 비롯해 값어치 높은 책들이 모두 모여 있는 곳이다. 심지어 샬롯 브론테, 제임스 조이스, D. H. 로렌스의 초기 판본들도 있고, 벽에는 마티스나 피카소의 그림들도 걸려 있다. 물론, 아무나 아무 때나 출입할 수 있는 곳은 아니다. 이 방은 미국의 상류층 사람들이 사교 파티를 하는 공간으로 특별히 마련되어서 사전 예약이 필수다. 이곳에서 연회를 열 때 얻을 수 있는 가장 큰 장점을 꼽는다면, 누구든 그 방에 들어가면 저절로 현명해진 기분이 든다는 점이다.

사실 이 서점을 볼 때마다 나는 뉴욕이라는 도시의 축소판 같다는 느낌을 받았다. 지나치게 넘쳐나는 책들, 저렴한 가격, 소유욕의 자극, 값비싼 고서들에 대한 환상. 그런데 무언가 부족했다. 넘치는데 부족했다. 이곳에서는 무언가 허기진 느낌에서 좀처럼 벗어날 수가 없었다. 이따금 나를 괴롭히는 뱃속의 아릿한 느낌은 배가 고파서인지 아니면 배가 불러서인지 헛갈릴 정도인데 그것은 뉴욕에서 지내는 동안 내내 떠나지 않던 강박감이기도 했다. 물론 내가 서울에서 이베이에 무려 45달러를 지불하고 주문한 수전 손택Susan Sontag의 책이, 이 서점에서는 고작 5달러인 것을 보고 한숨이 나왔던 것은 사실이다. 처음 얼마간은 그 아쉬움 때문에라도 눈에 띄는 책을 모두 사들이고자 혈안이 되기도 했지만, 끝없이 이어진 책들 사이에서 장바구니에 정신없이 책을 담고 있는 나 자신을 돌아보자니 문득 참 야만스럽게 느껴졌다.

분명히 그곳은 조지 오웰의 소설 「1984년」과는 상반된 세상이

형광등 아래 끝없이 이어진 책장의 행렬. 헌책, 새 책, 재고 처리된 책, 홍보용 책, 희귀한 책 할 것 없이 무려 250만 권에 이르는 책들이 빼곡히 자리를 잡고 있다.

다. 미디어를 통제하는 전체주의 정부도 아니고, 그 어떤 생각이든 표현할 자유를 금지하는 법도 없다. 그렇건만, 겉모습만 다를 뿐, 결국엔 같은 곳처럼 느껴지는 이유는 무엇일까. 어쩌면 자본주의의 함정인 걸까. 지나친 정보가 망각을 불러오고 소중한 것들은 잃어버리게 만드는 것이 이런 세상일까.

끝없이 펼쳐진 저가의 책들 사이에서, 어딘가에 답이 있지 않을까 하는 희망으로 헤매다 보면 어느새 길을 잃어버리곤 했다. 혹시나 하는 마음에 몇 시간이나 책을 둘러보았지만, 다른 서점에서와 달리 어쩐지 그 시간은 낭비처럼 여겨지곤 했다. 그럴 때면 나는 또다시 작은 방, 손때 묻은 몇 권의 익숙한 책들이 놓여 있고, 나무 의자가 아무렇게나 놓여 있는 소박한 공간을 꿈꾸었다. 그런 곳에는 수전 손택의 책이 45달러라도 괜찮다. 나는 그 책을 조심스레 책장에 두고 읽고 또 읽을 테니까.

사회를 위한
독서 공간

하우징 웍스

The Housing Works

126 Crosby St New York, NY 10012, USA
+1 212-334-3324

서점 곳곳에 커피를 마시며 책을 읽거나 티셔츠 차림으로 모여 토론하는 사람들이 있었고,
흘러나오는 소리라고는 치직거리는, 커피 기계가 뿜어내는 수증기 소리와 딸그락딸그락 찻잔 부딪치는
소리 그리고 클라라 하스킬의 연주인 듯한 모차르트의 피아노 협주곡뿐이었다.

뉴욕에서 지내던 어느 날, 잡지사에서 일하는 고등학교 동창한 테서 전화가 왔다. 저녁에 남자 친구의 밴드가 공연을 하는데 구경하러 오라는 것이었다. 사실 그날도 딱히 하는 일도 없이 뉴욕 시립도서관에서 빈둥거리고 있었지만, 막상 공연이라니 조금은 귀찮게 느껴지기도 했다. 그래도 오랜 친구의 호의를 생각하며 지하철에서 내려 골목을 돌아 그곳에 다다른 순간, 조금 전까지의 '귀차니즘'은 순식간에 환희심으로 바뀌었다. 손에 들린 주소에 따라 찾아간 곳은 시끌벅적한 공연장이 아니라, 뜻밖에도 천정이 유난히 높은, 아름다운 서점이었기 때문이다.

거대한 나무문을 밀고 들어가자, 간이 2층으로 올라가는 고풍스러운 마호가니 계단이 한눈에 들어왔다. 꿈속에서나 나올 만큼 환상적인 모습이었다. 조명과 공연 무대까지 그럴듯하게 갖춰져 있는, 책으로 둘러싸인 공연장이라니! 공연은 이미 성공한 것이나 다름없었다. 먼저 와 있던 친구들은 너도나도 손에 맥주를 한 병씩 들고 있었고, 서점을 찬찬히 둘러보던 나의 환호는 공연장에서 터져나오는 환호에 금세 묻혔다.

그날 친구한테서 다큐멘터리 프로듀서인 한 친구를 소개받았다. 앤드류라는 이름의 그 친구와 나는 시끄러운 연주 소리에 소리를 지르며 몇 마디를 주고받다가 서로가 만만치 않은 책벌레임을 확인하고 술병을 마주 부딪쳤다.

며칠 뒤, 나는 오후의 한적한 시간에 앤드류와 함께 그 서점을 다시 찾았다. 그곳은 공연날 밤의 떠들썩한 분위기는 상상할 수 없을 정도로 조용하고 지적인 분위기로 뒤바뀌어 있었다. 커피를 마시며 책을 읽거나 가벼운 티셔츠 차림으로 삼삼오오 모여 토론하는 사람들이 있었고, 치직거리며 뿜어내는 커피 기계 소리나 딸그락 딸그락 찻잔 부딪치는 소리, 클라라 하스킬의 연주인 듯한 모차르트 피아노 협주곡이 간간이 들릴 뿐이었다. 일층에 전시된 값비싼 대형 판본 사진집과 미술 화보집을 들쳐보던 나는 계단 위로 올라가 고전 문학들을 살펴보기 시작했다. 곳곳에는 이곳에서의 수익이 사회 공헌에 쓰인다는 홍보 글이 붙어 있었다.

앤드류는 나와 마찬가지로 도서관을 광적으로 좋아하고, 발음하기도 어려운 이름의 감독들 영화를 찾아보며, 책가방에는 늘 세 권 이상의 책을 넣고 다니는 사람이었다. 유대계 미국인인 남자애와 내가 비슷하다니 어쩐지 이상한 일이긴 하지만, 그는 나의 어린 시절 히말라야 도서관의 이야기부터 책 여행을 다닌 이야기를 몰입하여 들었다. 그러고는 이렇게 물었다. 그래서, 넌 르네상스 인이 되려는 거야? 하지만 나는 어떻게 대답해야 할지 난감했다. 그런 게 목적이 될 수 있는 걸까? 왠지 모르게 나는 르네상스 인이라는 말이 이기적이라는 생각을 떨쳐버릴 수가 없었다.

세상의 다양한 곳을 여행했다면 남들이 부러워할 일이지만, 사실 그만큼이나 떠안아야 할 딜레마도 커진다. 이를테면, 인도나 동남아시아를 여행하며 단발의 가난한 사람들의 텅 빈 눈동자와 마주치는 일은 분명 고통스러운 일이다. 나는 멀쩡하게 옷을 입고 있고 운동화를 신고 있다는 사실이 갑자기 수치스러워진다. 만일, 뉴욕에서의 한 끼 것진 저녁밥 값이 인도에 사는 한 아이의 일 년치 교육비가 될 수 있음을 알게 되면 그 어떤 맛있는 밥도 마음 편히 넘어가지 않는다. 주말 저녁, 안나 소피 무터의 바이올린 연주를 감상하는 즐거움에도 지을 수 없는 죄책감이 남는다.

뉴욕은 화려한 만큼이나 많은 것을 잊기 쉬운 도시이다. 그래서 더 고통스러울 때도 있다. 대도시의 고급문화가 마치 치장과 허세의 도구로 더욱 유용해지고 있는 듯 보일 때, 고급문화를 즐기는 사람들의 얼굴과 옷차림에는 하이클래스라는 자부심이 묻어날 때, 나는 예술의 목적이 무엇인지 혼란스러워진다. 그런 자세로 인간의 영혼을 이야기한다는 건 왠지 아이러니하게 여겨지기도 한다.

거기에는 사회 공헌도 마찬가지다. 사회 공헌이라면 고작해야 헌옷을 팔거나 주머니에 남은 동전을 모으는 정도를 떠올리게 마련이다. 그런데 왜 사회 공헌이 좀 더 창의적일 수는 없는 걸까? 누구든 참여하고 싶다는 열망이 끓어오를 만큼 신 날 수는 없는 걸까.

하지만 적어도 이 서점을 보면, 고급문화를 즐기는 일과 사회 공헌이 함께 갈 수 있다는 가능성이 있다. 카페에 앉아 모더니즘 문학에 대한 토론을 하고 마호가니 계단을 오르내리며 피카소의 화보집을 구경하는 일이 실질적으로 누군가의 생명을 구하는 데에 도움을 줄 수 있으며, 집이 없어 배회하는 사람에게 따뜻한 식사를 제공할 수 있음을 아는 건 일종의 위안이 되어 준다.

"가장 위대한 작품이란, 언제나 인간 존재에서 어떻게 하나의 의미를 얻어 낼 수 있는가? 우리는 어떻게 이 의미에 참여할 수 있는가?'라는 물음의 해답을 추구하는 것이다" —마르놀트 하우저

치유를 위한
심리학 서점

립시

Akademische Buchhandlung_
Psychologie & Padagogik

슈바빙의 서점에는 인간 심리에 대해 다룬 책이 많다. 밝고 널찍한 공간,
테이블 위에 정갈하게 놓인 꽃병, 그리고 문 앞에 붙어 있는, 심리학 심포지엄이나
세미나를 알리는 갖가지 포스터. 그리고 프로이트와 융의 흑백사진….

요즘엔 서점엘 가도 방송을 보아도 심리학이 대세다. 음악 치료, 미술 치료, 연극 치료, 독서 치료, 원예 치료, 향기 치료 등 온갖 치료가 난무하는 것을 보면, 그만큼이나 심리에 대한 관심이 부쩍 늘어난 것 같지만, 한편으로는 치유가 절실한 사람들도 많아진 게 아닌가 싶다.

나는 사람들과 마음에 대해서 이야기하거나 영혼에 대한 글을 읽는 것을 좋아했던 터라 전혜린의 슈바빙에 대한 묘사를 읽었을 때에 당장이라도 뮌헨으로 달려가고 싶었다. 그녀는 「그리고 아무 말도 하지 않았다」에서 슈바빙에 대해 이렇게 묘사했다.

"한 잔의 커피 또는 아무것도 안 마시고 담배만을 연거푸 피우면서 몇 시간이라도 그들은 토론하고 있다. (중략) 그들의 주제는 예술이다. 어디선지 모르게 그림이 그려지고 있고, 조각을 쪼고 있고, 시가 쓰이고 있는 곳, 감수성 있는 사람들이 젊었을 때 누구나 가질 청춘과 보헤미안, 천재의 꿈을 일상사로서 생활하고 있는 곳, 위보다는 두뇌가, 환상이 우선하는 곳, 이런 곳이 슈바빙인 것 같다."

그래서인지 슈바빙에서 심리학 전문 서점을 발견했을 때에도 퍽 당연하게 여겨졌다. 물론, 그것은 순전히 막시밀리안 대학교와 미술 치료가 전문인 뮌헨국립미술대학이 근처에 있기 때문이었을 테지만. 슈바빙의 그 서점은 인간 심리에 대해 찾아볼 수 있는 책은 거의 다 모아 놓은 듯했다.

'심리학 및 교육학 대학서점'이라는 간판이 달린 이 서점은 밝고 널찍한 공간, 테이블 위에 정갈하게 놓인 꽃병, 그리고 문 앞에 붙어 있는 심리학 심포지엄이나 세미나를 알리는 갖가지 포스터, 프로이트나 카를 융 같은 심리학자들의 흑백 사진…. 프로이트와 융의 사진을 보고 있자니, 수염을 쓰다듬으며 파이프로 담배를 뻐끔거리면서 인간의 정신에 대해 진지한 토론을 나눈다는 것은 얼마나 멋진 일인가. 그런 상상은 마치 진지한 두 대학 교수(옥스포드와 케임브리지)가 선술집에 나란히 앉아 호빗족이나 옷장 속 환상의 나라에 대해 논하는 것만큼이나 낭만적인 면이 있었다.

유럽에서는 세계 전쟁 뒤에 그 후유증 문제 때문에 특히나 심리학에 대한 연구가 진지하게 이뤄지고 있었다. 파리의 골목 한쪽에 자리 잡은 붉은 간판의 서점 립시Lipsy만 하더라도 파리에 거주하는 상담가들에게는 아주 잘 알려진 곳이다. '립시Lipsy'는 책을 뜻하는 리브로Libro와 심리, 마음, 정신을 가리키는 사이크Psych를 조합해 만든 이름이다. 이곳에는 심리학, 상담학, 테라피, 분석심리학 등 인간의 정신을 이해하려는 온갖 자료들이 모여 있다.

이 서점은 1960년대 후반에 카르티에 라탱 Quartier Latin이라는 이름의 작은 가게로 시작했다가, 2005년에 지금의 공간으로 옮겨 오면서부터 본격적으로 심리학 전문 서점으로 명성을 쌓아 왔다. 여기저기에 붙어 있는 쪽지들을 보니, 심리학도들이나 상담가들이 이곳을 근거지 삼아 정기적으로 토론 모임을 갖는 것을 알 수 있었다. 서점의 모토는 '벽이 없는 공간'이다. 심리학이란 무엇보다도 소통이 중요한 학문이므로, 계속해서 외부 행사, 연구 발표와 토론, 공부 모임, 독서실 등을 운영한다고 한다.

그렇게 심리학이 과학적 분석을 무기로 광기와 싸우는 동안 그 반대쪽에는 의심 어린 눈초리를 보내는 문학이라는 영역이 있었다. 정상적인 인간이란 도대체 어떤 것인가. 누군가의 정신 상태가 정상인지 비정상인지에 대해 규명하는 인간은 또 얼마나 정상인가. 따지고 보면, 광기란 그 원인을 알게 되었다고 해서 사라지는 것도 아니니 어쩌면 우리는 은근히 그 증상을 즐기고 있을는지도 모른다. 그래서 허먼 멜빌 Herman Melville은 그의 소설 「모비 딕」에서 이렇게 말했을 것이다.

"광기라는 것은 고양이처럼 교활해서 없애 버렸다고 생각하지만, 사실은 더 은험한 형태로 변신하여 숨어 있을 뿐이다."

지성의 승리를 상징하는 '책'을 둘러싸고 일어난 역사적인 사건

"내 정신은 광기를 띠고, 병들어 있는 것일까? 아니면 현실이 광기를 띠고, 그리고 병들어 있는 것일까?" —무라카미 하루키

들을 보아도, 다이러니하게도, 우리는 이성보다는 광기를 발견하게 된다. 굳이 잔인한 금서나 분서 사건이 아니더라도 17세기, 18세기 유럽에서는 독서가 정신 건강을 해친다는 이유로 비판의 대상이 된 적도 있었다.

이 시기는 인쇄술의 발명으로 말미암아 책이 대중화되기 시작한 때이기도 하다. 갑작스레 책 경험을 하게 된 독자들은 허구의 세계에 대한 면역력이 약했고, 그런 탓에 현실과 허구의 간극에서 갈피를 잡지 못해 광적인 현상들이 여기저기에서 나타났다. 당시 사람들은 소설 속의 주인공을 자신과 동일시한 나머지 옷을 따라 입거나 허구의 인물과 사랑에 빠져 상사병으로 헤매는 경우가 허다했다.

그런가 하면, 탐욕스레 책을 모으는 사람, 훔치는 사람, 아침마다 책을 찢어 빵에 넣어 먹는 사람들도 있었다. 이 유례없는 독서열을 우려했던 하인츠만이라는 박사는 "독서는 감기, 두통, 시력 약화, 발열, 통풍, 관절염, 치질, 천식, 뇌출혈, 폐 질환, 소화 불량, 장폐색, 신경증, 편두통, 간질 발작, 우울증, 슬픔에 빠지기 쉽다"고 경고했을 정도라니, 알고 보면 책이란 얼마나 끔찍한 물건인가!

프랑스의 18세기 최대 인기 도서인 장 자크 루소의 「신新 엘로이즈」는 만만치 않은 대중의 광기를 불러일으켰다. 이 소설은 1761년 발간 이후 1800년까지 무려 72쇄를 찍는 경이로운 기록을 세웠다. 물론 이 책은 음악, 결투, 종교, 여성의 문제를 광범위하게 다루지만, 기본 줄거리를 이루고 있는 것은 가정교사인 생 프뢰와 아름다운 제자 쥘리와의 사랑 이야기이다. 온 프랑스 독자가 황홀경에 빠진 이유 또한 그들의 낭만적인 연애 이야기 때문이었다.

물론 오늘날의 독자한테는 진부할 테지만, 당시 반응은 열렬했다. 심지어는 이 책을 읽으며 밤새워 통곡하던 독자가 "너무도 격렬하게 우는 바람에 감기가 떨어졌다"고 할 정도니 말이다. 이 소설로 일약 스타가 된 루소는 그의 「고백록」에서 기록하기를, "특히 여성들이 그 책과 저자에 흠뻑 젖어 아무리 지체가 높은 사람이라 할지라도 내가 정복하려고 마음만 먹었다면 갖지 못할 여자는 거의 없었다"며 은근히 자랑하기도 했다.

그런가 하면, 영국에서도 근대 소설의 효시로 불리는 「파멜라」가 그에 못지않은 광기를 연출했다. 이 소설은 런던의 식자공이었던 사무엘 리처드슨이 1740년에 한 인쇄업자의 부탁을 받아 쓴 이야기로, 하층계급 사람들에게 편지 왕래를 장려하며 모범적인 품행을 보여 주려는 의도에서 쓴 것이었다. 지금 보면 지나치게 교훈적인 내용일 뿐이지만, 이 소설이 당시에 사람들 사이에서 열렬한 호응을 불러일으킬 수 있었던 것은, 그 안에 온갖 유혹과 음모와 출세라는 비밀스러운 욕망이 담겨 있었기 때문이다.

소설의 설정은 예쁜 어린 하녀 파멜라가 주인마님이 죽은 뒤 마님의 아들과 함께 남겨진 집에서 일어나는 일이고, 형식은 파멜라가 그 집에서 일어난 일을 부모에게 편지로 낱낱이 보고하는

식이다. 정숙하기로 둘째가라면 서러울 만큼 반듯한 파멜라는 주인이 끊임없이 유혹해도 순결과 자존심을 목숨처럼 고수한다. 편지마다 구구절절 쏟아지는, 순결에 대한 그녀의 절실하고도 열정적인 연설이 당시 노동자 계급, 특히 여자들한테 대단한 호소력을 발휘했던 모양이다. 마을 사람들은 한자리에 둘러앉아 이 연재소설을 읽었고, 마침내 주인이 파멜라한테 정식으로 청혼하는 대목에 이르자, 모두 모자를 던지며 교회로 뛰어가 종을 울렸다는 이야기도 전해진다.

책에 미치기는 독일에서도 마찬가지였다. 나폴레옹도 일곱 번이나 읽었다는 괴테의 「젊은 베르테르의 슬픔」은 수많은 독일 청년을 매혹시켰다. 당시 베르테르를 기려 노란 반바지와 푸른 연미복을 유행처럼 입었다는 사실은 잘 알려져 있다. 괴테의 자전적인 인물로 낭만적인 영웅의 원형인 베르테르는 다른 남자의 약혼녀 로테를

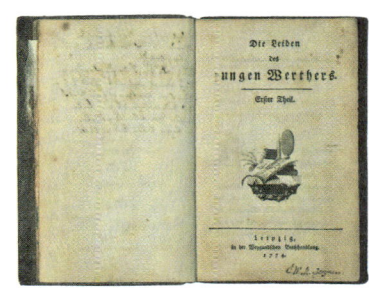

「젊은 베르테르의 슬픔」.

사랑한 나머지 열병에 걸린 환자처럼 숲 속을 헤집고 다녔다.

훗날 괴테는 베르테르의 과도한 감정을 '낭만주의' 라는 정신병이라고 여기며 소설 속 그의 죽음을 통해 자기 자신은 자살을 면할 수 있었다고 했지만, 당시 이 소설을 읽고 수많은 젊은이가 베르테르를 뒤따라 목숨을 끊는 일은 막을 수 없었다. 「젊은 베르테르의 슬픔」은 젊은이들의 잇단 죽음을 낳아, 유명인을 따라 자살하는 '베르테르 효과' 라는 사회학 용어가 생겨났을 정도다.

당대를 열광시킨 소설들이 하나같이 맹목적인 사랑을 다룬 것은 단지 우연일까. 사랑이라는 열병, 그리고 책이라는 열병. 그것은 어쩌면 신성화된 환상에서 벗어나는 필연적인 과정은 아니었을까. 허구에서 현실을, 현실에서 허구를 발견하는 일은 그 어디보다도 문학의 세계에서 먼저 일어났다.

이를테면, 프랑스 혁명이 권력자들의 금서 제재로 빚어진 갈등으로 비롯되었다고 보지만, 여기에는 한 가지 더 생각해 볼 문제가 있다. 사실 얼마나 많은 시민이 볼테르, 달랑베르, 장 자크 루소의 「인간 불평등 기원론」과 같은, 형이상학적인 고급 계몽주의 서적을 읽었겠는가. 오히려 사람들이 몰래 심취해서 읽었던 삼류 통속소설, 정치에 대한 중상 비방이나 왕이나 귀족을 주인공으로 한 포르노그래피 픽션이야말로 혁명의 불씨를 지피지 않았을까. 이것이 독서 문화의 역사가인 단턴이 던진 질문이었다. 아마도 프랑스 시민은 머리가 아닌 아랫도리를 자극하는 금서들을 읽으며 왕과 왕비에 대한 절대적 신성화에서 깨어나기 시작했으며, 현실에서의 부조리한 정치 체계에 대해서도 눈뜨게 되었다는 것이다. 그러니 책만큼이나 재미있는 것이 책을 대하는 사람들의 반응이다. 책이 마음의 병을 치유하는 역할을 하는지는 잘 모르겠다. 하지만 인간 내면의 은밀한 문제가 드러나는 곳이 책의 공간이며, 그 안에서 정상과 비정상을 떠나서 날것 그대로의 인간이 보이기에, 우리는 끊임없이 책을 쓰고, 또 읽고 있는 것이 아닐까.

책에 과도하게 빠진 애서가를 풍자하는 목판화로, 1494년 세바스찬 브랜트의 시 '읽지 않는 책들'에 등장한다.

음지를 밝힌
고급 예술 서점

부헤르보겐

BucherBogen

Stadtbahnbogen 593 10623 Berlin, Germany
+49 30 31869511

베를린에 있는 사비니 광장, 고가 철도 아래의 굴다리에 서점이 하나 있다.
하지만 이곳은 어둑한 다리 밑 다 쓰러져 가는 헌책방이 아니라
최신식의 현대적인 인테리어로 꾸며진 고급스러운 예술 서적 전문 서점이다.

최근 가장 '핫한' 도시로 떠오르는 베를린에서 가장 핫한 서점을 손꼽으라고 한다면 두 번 생각할 것도 없이 사비니 광장에 있는 부헤르보겐 서점이다. 이곳은 예술 서적을 전문으로 취급하는 곳으로서 감각적인 인테리어뿐만이 아니라 구비 자료도 방대해, 해외 유명 인사들도 즐겨 찾는 곳이다. 그런데 정작 이곳이 흥미를 끄는 이유는 또 다른 데에 있다. 서점 위치가 워낙에 특이하다는 점. 그것도 여전히 거리 위로 덜컹거리며 기차가 지나가는 굴다리 아래라는 점이다. (그래서 이 서점의 이름도 굴다리 책방이라는 뜻의 부헤르보겐BucherBogen이다.)

지금은 상상하기 어렵겠지만, 1980년만 해도 이곳은 지저분하고 음침한 폐허일 뿐이었다. 아무도 찾지 않고 아무런 쓸모도 없이 버려진 곳이었는데, 어떤 이유에선지 큐레이터 출신의 여사장은 고급문화 예술 서점을 위한 장소로 이곳을 선택했다. 물론 다소 무리해 보이는 시도였지만, 만일 이 서점이 최신식 건물이었다면, 지금 이만큼이나 사람들의 시선을 끌 수 있었을까.

넓은 창으로 들어오는 햇살, 나직한 조명과 부드러운 음악소리에 가만히 잠겨 책을 고르고 있다 보면 고급스러운 분위기에 한없이 취하게 되지만 그러다 갑자기 화들짝 놀라고 마는 건, 머리 위에서 나는 덜컹거리며 지나가는 기차 소음 때문이다. 하지만 괜찮다. 여기서는 왠지 그것마저도 소음이 아니라 현대 음악처럼 들리는 효과가 있다. 어쩐 일인지 이 안에서는 모든 게 신선하다고 느껴지는 건, 아마도 이곳을 즐겨 찾았던 수전 손택(비평가)이나, 빔 밴더스(영화감독), 렘 쿨하스(건축가)도 마찬가지가 아니었을까?

그래서인지 이 장소에서 아치 구조물을 따라 걷다 보면, 전혀 다른 모습의 과거가 어떻게 현재와 공존할 수 있는지, 그 낯설음이 얼마나 더 아름다울 수 있는지를 새삼 실감하게 된다. 이 장소에는 잊히는 것과 기억되는 것이 있고, 외면 당하는 것과 조명받는 것이 있다. 그리고 무엇보다도 그 차이들이 서로 분리되지 않은 채 하나로 이어져 있다.

만일, 이어 준다는 것이 책 읽기의 마법이라면 부헤르보겐은 마치 그 메타포 같다. 어느 한쪽으로 치우치지 않고, 어느 한쪽도 잃어버리지 않도록 굴다리가 버텨 준다. 게다가 이따금 들리는 기차 소리는 더불어 시간도 이어지고 있음을 상기시켜 준다.

"밤하늘의 반짝이는 별들을 보면서 방향을 잡아 길을 묻고 여행을 하던 시절, 인간은 행복하였네." ―게오르그 루카치

책 상자 네 개에서 시작한
프랑스 최대의 서점

질베르 쥔느

Gilbert Jeune

2 Place Saint-Michel, 75006 Paris, France
+33 1 56 81 22 42

몇 채의 대형 건물을 차지하고 있는 이 서점은 온갖 장르의 책들이 모여 있을 뿐 아니라 중고책도 사고 팔 수 있다. 1886년 생 미셸 대학의 질베르 교수가 자기 집에 있던 책들을 지하철 옆 가판대 위에 올려놓고 팔기 시작한 것이 그 시초이다.

세계적으로 손꼽히는 대형 도시라면 어디든 대형 서점도 하나둘 있기 마련이다. 아무리 골목 곳곳에 독립 서점들이 그 어느 도시보다 자주 눈에 띄는 파리라고 해도 마찬가지다. 노란 차양으로 장식된 파리를 대표하는 대형 서점. 백 년도 넘게 온갖 장르의 불어 책들뿐만 아니라 외국어 서적, 교과서, 문구류 등 종이로 가능한 모든 것을 파는 이 곳의 이름은 쥘베르 죈느이다.

파리를 처음 여행하는 사람이라고 해도 이 서점을 찾기란 어려운 일은 아니다. 그 옆으로 센 강이 흐르고 있고, 파리 젊은이들의 약속 장소로 사랑받는 생 미셸 광장도 바로 앞에 있으며, 다리 건너에는 노트르담 대성당이 있으니 말이다. 게다가 파리 지하철 생 미셸 역에서 나오자마자 한눈에 들어오는 곳이기도 하니, 여러모로 프랑스에서 가장 크다는 이 서점을 놓칠 일은 없다. 다만, 이곳은 여느 대형 서점의 모습과는 달리 새 책과 헌책이 나란히 진열되어 있다. 이 진열 방식은 왠지 모르게 새것과 옛것이 어우러져 있는 파리라는 도시와도 제법 어울린다. 독일이나 영국처럼 명확하게 질서 있게 정리된 기분보다는 구석 어딘가는 여전히 정리 중인 듯한 느낌이라고 해야 할까. 세련된 백화점이라기보다는 생동감 있게 움직이는 장터 같은 느낌이 든다. 어쩌면 그래서 사람들은 이곳을 '책의 정글'이나 '책 슈퍼마켓'이라는 이름으로 부르는지도 모르겠다.

이 '책의 정글'이 도시 한가운데 자라나게 된 지는 생각보다 오래되었다. 그 시초는 1886년으로 거슬러 올라가는데, 어느 날 가방과 상자에 책을 넣고 거리로 나온 생 미셸 대학의 질베르 교수로부터 시작된다. 그는 집에서 읽지 않는 책들을 정리하기 위해 지하철 옆에 가판대를 세워놓고 팔기 시작했다. 당시, 책 상자 네 개와 여행용 가방 한 개 분량의 책이 전부였다고 한다. 하지만, 파리의 기적이라고 해야 할까. 불과 이태 만에 그는 교과서 전문 서점을 열었고, 1920년대에 두 아들이 서점을 물려받으면서는 출판까지도 겸하게 되었다. 그 뒤로 이곳은 무럭무럭 자라나 대대로 발전을 거듭하여 오늘날 초대형 규모의 서점 슈퍼마켓으로 자리 잡았다.

어쩌면 이 파리의 기적이 가능했던 것은 파리지앵느의 독서 방식에도 관련이 있을 것이다. 프랑스 사람들은 책을 읽는 일을 그다지 대단한 일로 여기지 않는다. 교양인의 고상한 자기 개발이라고 생각하기보다는 오히려 저녁 간식거리를 사러 집 앞 슈퍼마켓에 드나들듯이 부담 없이 즐기기 때문에 이 서점이 이렇게까지 북적이는 게 아닐까.

규모가 큰 간큼 온갖 장르의 책이 구비되어 있는 질베르 죈느에는 새 책뿐만 아니라 헌책도 또 세계 여러 나라에서 발간한 책들도 두루 구비하고 있다. 영어 서적의 경우는, 영어 서적 전문 서점보다도 더 잘 갖추어져 있다는 평을 듣는다. 서점과 같은 건물에 제법 규모가 큰 문구점도 함께 운영하고 있다.

이상한 나라의
앨리스

마슈판

Marchpane

16 Cecil Court Charing Cross Road London WC2N 4HE
+44 (0)20 7836 8661

런던 트라팔가르 광장의 차링 크로스에는 200가지가 넘는
「이상한 나라의 앨리스」의 판본을 모아놓은 동화의 나라가 있다.

내가 「이상한 나라의 앨리스(Alice's Adventures in Wonderland)」의 '이상하다(wonder)'라는 번역이 조금은 불만스러운 이유는 아무래도 이 이야기에는 그저 '이상하다'는 말로는 다 표현할 수 없는, 이상한 것보다도 더 이상한 무언가가 있기 때문이다.

물론, 이 이야기를 쓴 찰스 도지슨Charles Dodgson(필명: 루이스 캐럴)이 이상한 사람이었다는 점에는 이의가 없다. 그도 그럴 것이, 결벽증 환자에 가까운 그는 언제나 하얀 장갑을 꼈고, 밤마다 책상에 앉아 미친 듯이 글을 써 내려가지 않았던가. 심지어 그의 전공은 문학도 아닌 수학이었는데도 말이다. 게다가 어린 여자아이들과 티 파티 등의 소꿉놀이를 즐기던 취미 때문에 두고두고 비난을 받기도 했다. 도지슨이 많은 시간을 함께 보냈던 여자아이는 앨리스라는 이름의 소녀로, 당시 그가 교수로 재직하던 옥스퍼드 크라이스트 처치 대학 학장의 어린 딸이었다. 「이상한 나라의 앨리스」 또한 그가 앨리스와 배를 타고 옥스퍼드로 가는 길에 즉석에서 지어내어 들려준 이야기였다. 들리는 소문으로는, 앨리스가 열세 살이 되었을 때 청혼했다가 학장에게 엄청난 노여움을 사서 대학에서 쫓겨났다는 말도 있다. 그는 비록 어엿한 옥스퍼드 대학교수이며 뛰어난 두뇌의 소유자였지만, 가벼운 정신착란 증세가 있어 이따금 사물이 왜곡되어 보였다고 한다. 말하자면, 그의 동화 속에서 실물이 지나치게 크게 보이거나, 작아지거나, 비틀어지는 일들은 그가 심한 두통과 함께 견뎌야 했던 증상이었다. 이 증상은, 뒷날 그가 책과 더불어 유명해진 덕분에, 의학적으로 '이상한 나라의 앨리스 증후군'이라고 불리게 되었다.

그런데 시대를 뛰어넘어 아이 어른 할 것 없이 그의 이상한 세계에 매료되고 마는 까닭은 무엇일까? 어디를 보더라도 그가 가공한 등장인물들(미치광이 모자 장수, 담배 피는 애벌레, 가발을 쓴 두꺼비, 미소만 남긴 채 사라져 버리는 체셔 고양이 등)은 현실 세계와는 거리가 멀다. 하지만 어쩐지 그들은 그 어떤 현실 세계에 속한 사람보다도 현실감을 갖는다. 마치 이 책의 애독자면서 「오즈의 마법사」의 작가인 프랭크 바움(L. Frank Baum)이 말했듯, 앨리스야말로 아동문학에서는 처음으로 나타난, 생생하게 살아 숨 쉬는 주인공이다.

「이상한 나라의 앨리스」에는 수많은 일러스트레이터들이 환상적인 이미지를 보여주었지만, 그중에서도 가장 유명한 삽화는 역시 존 테니얼 경(Sir john Tenniel)의 그림이다.
시사만평과 커리커처 전문이었던 그는 목판화로 강렬하고도 정교한 이미지를 만들어 내었고, 그 덕분에 무채색 삽화가의 위상이 높아졌다.

그렇다면 이 이야기가 생생하게 살아 숨 쉴 수 있게 만든 요인은 무엇인가? 어쩌면 그것은 도지슨이 추구했던 순수함에 대한 집착이 아니었을까? 그는 더러 소아성애자로 의심받곤 했지만, 그것은 어디까지나 어린 여자아이를 순수함의 화신으로 보았던 빅토리아 시대의 관습에서 비롯되었던 것이다. 앨리스가 거침없을 수 있었던 것도 어린이다운 순수함을 지녔기 때문이다. 그리고 그 순수함이야말로 그에게는 현실이 무엇인지 알려주는 유일한 표지판이었다.

아무리 비현실적인 환상의 세계 속이라고 하더라도, 스스로를 속이지만 않는다면 길을 찾아갈 수 있다. 갑자기 온통 세상이 뒤집어지고 비틀려 보인다고 하더라도, 붙들어야 할 끈은 있다. 자기 모습이 아무리 이상하게 바뀌어도 자신을 잊지 않으려고 애쓴 앨리스가 그런 의지를 대변한다.

존 테니얼의 삽화.

나아가 도지슨이 수학자였다는 사실도 한몫한다. 수학의 세계에는 가식이 없다. 하지만 언어는 온갖 환상이 잉태되고 번식하는 곳이고, 그래서 욕망으로 가득한 곳이며, 그래서 모든 가식의 서식처가 되곤 한다. 그러나 도지슨은 그곳으로 들어가 언어를 가지고 유희를 하되, 수학 공식을 적용하며 그만의 순수한 세계를 만들어 갔다. 수학도 언어도 사실은 다 손에 잡히지 않는 환상일 뿐이어서 그 모험이란 한낮의 꿈처럼 여겨지지만, 그렇더라도 그렇게 만들어진 환상에는 우리를 끝없이 매혹하는 무언가가 있다.

"제 모험은 오늘부터 시작됐어요. 어제 이야기는 아무 의미가 없어요. 전 어제의 제가 아니거든요." —「이상한 나라의 앨리스」 중에서.

차링 크로스의 고서점 거리 끝 조용한 골목에 있는 마슈판은 어린이 책과 그림책 전문 서점이다. 특히, 고전 동화의 희귀본 컬렉션으로 유명하다.

이 기이한 매듭은 결과가 말해 주었다. 이 책이 이토록 열렬한 호응을 일으킬 줄은 그 누구도 몰랐을 것이다. 「이상한 나라의 앨리스」는 곧 날개 돋친 듯이 팔려 나갔고, 심지어 이 책에 매혹된 빅토리아 여왕은 도지슨에게 다음 책이 나오면 곧바로 자신한테 보내 달라고 특별히 부탁할 정도였다. (그 뒤 여왕은 자신이 부탁한 대로 「행렬식-수치를 계산하는 간단한 방법」을 전해 받았다.) 1865년에 이 책이 처음 출간된 뒤로 19세기 말까지 적어도 1백만 부가 넘게 판매되었고, 적어도 97개의 언어로 번역되었으며 오늘날까지도 인쇄를 멈춘 적이 없다고 하니 마치 이조차도 그가 수학 공식처럼 염두에 둔 계산이 아닐까 싶을 정도다.

그뿐만이 아니다. 런던 트라팔가르 광장의 차링 크로스에 가면, 200가지도 넘는 「이상한 나라의 앨리스」의 판본들을 살뜰히 모아 놓은 마슈판Marchpane이라는 서점까지 있으니, 분명 여기에는 '이상하다'는 말로도 설명할 수 없는 무언가가 있는 것이 아닐까?

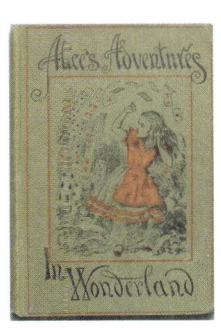

「이상한 나라의 앨리스」

아메리칸 드림
오즈의 마법사

북스 오브 원더

Books of Wonder

18 W 18th St, New York, NY 10011, USA
+1 212-989-3270

그림형제나 안데르센 이야기 같은
19세기 고전 동화책들은 물론이거니와, 수천 달러에 이르는
서명본이나 동화 원작 삽화도 만날 수 있다.

미국 소비문화의 놀라운 점은 단 한 마디의 말, 단 한 명의 스타, 단 한 권의 동화책으로도 수없이 많은 파생 상품을 만들어 낼 수 있는 능력이다. 바로 그런 힘 덕분에, 마흔이 넘도록 배우, 기자, 점원 등의 일을 전전하던 프랭크 바움이라는 한 남자가 쓴 동화, 「오즈의 마법사」도 나오자마자 미국 전역을 휩쓰는 새로운 문화의 아이콘이 될 수 있었다.

이 책의 초판이 출간된 해는 1900년. 곧이어 1902년에는 시카고 연극 무대에 올려지고, 1903년에는 브로드웨이 뮤지컬로 진출하게 되었다. 그리고 영화의 시대를 맞이하자 이에 발맞추어 1939년에는 엠지엠 영화사에서 영화로 제작했을 뿐만 아니라, 1956년에는 텔레비전 연속극으로도 나오게 된다. 그 뒤로 이 동화책이 40개의 언어로 번역되어 온 세계로 퍼져 나갈 수 있었던 건, 아마도 미국이라서 가능했을 터이다.

이러니 사람들이 이 동화를 두고 또 얼마나 많은 이야깃거리를 만들어 내겠는가. 수많은 후속 이야기들과 외전들을 제쳐두고라도, 이 동화를 나름대로 해석하는 사람들은 항상 나타났다. 이전에 어떤 미국 경제학자가 이 책이 19세기 후반 미국에서 발생한 금본위제와 은본위제를 둘러싼 정치 투쟁을 은유적으로 표현했다고 한 해석을 본 적이 있는데, 최근에는 주석 달린 오즈의 마법사도 나왔다. 서문만 해도 이미 100쪽이 넘는다는 이 책 안에는 정작 이 이야기를 쓴 프랭크 바움조차도 모를 내용이 또 얼마나 많을까. 아무튼 브로드웨이만 가도 이 동화를 각색한 쇼 위키드가 가장 큰 인기를 끌고 있다.

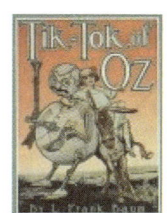
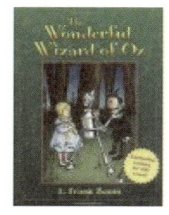
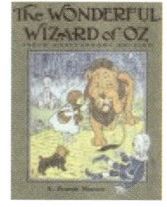

그나저나 어떻게 해서 어떠한 매력이 이 이야기를 미국식 판타지로 자리 잡을 수 있게 한 것일까 궁금하다. 먼저, 이 이야기를 쓴 프랭크 바움은 어린 시절부터 그림 형제와 안데르센의 책의 환상적인 모험에 대해 읽어 온 독자이다. 그는 특히, 「이상한 나라의 앨리스」를 보며 그 어떤 상황에도 굴하지 않는 여자아이의 모습에 감탄했다. 그가 읽었던 19세기 유럽의 고전 아동문학이 「오즈의 마법사」에 미친 영향은 자연스러웠을 것이다. 하지만 19세기 유럽의 고전 아동문학과 다른 점이 있다면, 프랭크 바움은 유독 무서운 이야기를 싫어했다는 것이다. 어렸을 때 허수아비

'북스 오브 원더'에 있는, 오래된 판본의 오즈 이야기 책들.

에 쫓기는 악몽을 많이 꿨기 때문에, 그는 미국식 동화는 무섭지 않기를 지향했다. 아마 그래서 사자마저도 전혀 위협적이지 않은 겁쟁이로 등장하는지도 모르겠다.

이 이야기의 배경은 캔자스 주의 드넓은 초원이다. 뜨겁게 내리 쬐는 햇살과 희뿌연 먼지, 시들어 버린 나무박에 없는 황폐한 곳에서 헨리 삼촌, 앤 숙모와 함께 도로시라는 여자아이가 살고 있었다. 그러던 어느 날 회오리바람에 휩쓸려 도로시는 강아지 토토와 함께 아름다운 오즈의 세계로 날아가게 된다. 그곳에서 도로시는 비록 인간은 아니지만, 무척이나 인간적인 친구들을 만나게 된다. 뇌를 가지고 싶은 허수아비, 심장을 가지고 싶은 양철 나무꾼, 용기를 가지고 싶은 겁쟁이 사자가 그들이다. 도로시와 그들은 함께 모험하며 각자 자기 내면에 있던 힘을 발견해 간다. 결국, 문제가 닥쳤을 때, 기발한 생각을 해내는 것은 허수아비이고, 다른 이의 고통에 눈물을 흘리는 것은 양철 나무꾼이며, 끝까지 용기를 잃지 않는 것은 사자이다. 프랭크 바움의 소망대로 모든 것이 아름답고 이상적이다.

하지만 무서운 요소가 없다는 점이 이 이야기가 비판을 받는 이유이기도 하다. 도로시에게는 의문도 두려움도 없다. 다만 착하고 순진해서 왜 서쪽 마녀를 죽여야 하는지 아무런 의심 없이 그저 돌진할 뿐이다. 그리고 지난 백 년 동안 이 동화책을 읽고, 영화를 보고, 드라마를 보며 자란 사람들 모두 마찬가지였다. 왜 아무도 서쪽 마녀에 대해서 묻지 않았을까? 그 의문에서 출발한 것이 이 이야기를 새롭게 각색한 위키드이다. 그리고 이 이야기는 현재 브로드웨이에서 최고의 인기를 끌고 있다.

마치 영국인들이 '이상한 나라의 앨리스'에 집착하듯, 미국인들도 '오즈의 마법사'에 대한 애정을 이어왔다. 이 사실은 '오즈의

'마법사'에 대한 모든 것을 수집하는 서점, '북스 오브 원더'에 가면 알 수가 있다. 이곳은 맨하튼 18번가에 자리한 대표적인 어린이 서점으로서 단지 오즈의 마법사뿐만이 아니라 어린이 책에 관한 것이라면 그 어디보다도 다양하게 찾을 수 있다. 게다가 유명한 출판사인 하퍼콜린스와 협력하며 「이상한 나라의 앨리스」, 「정글북」, 「닥터 두리틀」 등을 직접 출판하고 있기도 하다.

하지만 무엇보다 이 서점에서 단연 흥미를 끄는 것은 어른 수집가들을 위한 희귀한 동화책 소장품들이다. 그중에는 그림 형제나 안데르센의 이야기 같은 19세기 고전 동화책은 물론이거니와, 수천 달러에 이르는 서명본이나 원작 삽화들도 있다. 단지 어린이들을 위한 곳이 아닌 콧대 높은 수집가들도 들러 한참이나 시간을 보내는 곳이다.

미국의 대표적인 어린이 책 서점인 북스 오브 원더는 오래도거나 절판된 책, 또 구하기 힘든 희귀본을 구비하고 있는 것으로 유명하다. 작가 서명이 들어 있는 초판 동화책도 제법 있다.

누군가
추천해 준 책

루텐스 앤드 루빈스타인

Lutyens and Rubinstein

21 Kensington Park Rd, London, Greater London W11 2EU, United Kingdom
+44 20 7229 1010

책을 이용한 인테리어와 북아트가 눈에 띈다. 마치 하얀 구름 떼인 양
천정을 날아다니는 책날개와 금방이라도 살아나올 것만 같은 책 속의 삽화는,
우리가 처음 책과 사랑에 빠졌던 그 느낌을 떠오르게 한다.

애서가들은 쉽사리 유행에 휩쓸리기에는 고집스러운 면이 있다. 아무래도 최신 스웨이드 구두에 바짓단을 접어 올린 댄디한 남자가 사르트르의 책을 손에 들고 있기를 기대할 수는 없지 않은가. 게다가 요즘 누가 사르트르의 책을 킨들이나 전자책이 아닌 종이책으로 들고 다니겠는가. 그러나 그 어떤 말에도 마지막 종이의 후예들, 더 고집스러운 종이책의 독자들만큼은 아랑곳하지 않을 것이다. 그 어떤 유행도 종이책을 완전히 날려버릴 수는 없을 테니깐.

사실 편리를 따지자면, 종이책은 전자책을 따라갈 수 없다. 부피나 무게를 따져보더라도 그렇다. 거대한 서재를 통째로 넣을 수 있는 전자책에 견주면, 종이책은 턱없이 번거롭다. 경쟁 자체가 될 수 없다. 하지만 상관없다. 그럼에도 애서가들이 굳이 종이책을 고집하는 이유는 편리함과는 무관한 곳에 있으니 말이다. 이것은 마치 간편하기로 따지면, 이메일이 백 번 낫지간 결코 손으로 쓴 편지의 느낌을 가질 수 없는 것과 같은 논리와 마찬가지다. 아날로그단이 가질 수 있는 그 불편하고도 생성한 느낌. 은

몸의 감각 속으로 파고드는 느낌은 아직까지 그 어떤 전자매체도 구현해 내지 못했다. 물론, 다수는 편리함을 따라가게 마련이므로 앞으로 대부분 자료들은 전자 형태가 될 것이고, 그렇게 되면 우리가 아는 모습의 서점들은 대거 사라질지도 모른다. 하지만 만일 그래도 여전히 살아남는 서점이 있다면 어떤 곳일까? 아마 종이 책 읽기만이 줄 수 있는 경험을 더욱 생생하게 제공하는 곳이 아닐까? 그런 의미에서 하루가 멀다 하고 서점들이 문을 닫고 있는 요즘, 오히려 새로 문을 연 런던의 루텐스 앤드 루빈스타인에서 그런 가능성을 본다.

먼저, 이곳에 들어서면 애서가들의 환상을 자극하는 전시물들이 곳곳에 자리하고 있다. 천정을 하얗게 날아다니는 책날개나 곳곳에 놓여 있는 알록달록한 삽화들이 있고, 그 안에서 책을 찾아 거니는 기분은 마치 동화책 속을 탐험하는 주인공이라도 된 듯한 기분을 일깨워 준다. 별다른 고급 장식은 없고 단순하게 종이를 재료로 할 뿐이다.

하지만 종이만으로도 어떤 상상이든 구현이 가능하다. 이 종이 위에 쓰고, 읽고, 넘기며 우리는 수많은 사람을 만나 왔다. 그 사람이 수백 년 전 지구 반대편에 살았다 할지라도, 우리는 종이만으로도 그와 충분히 친밀한 관계를 만들 수가 있다. 그 관계는 이 서점에서도 계속된다. 주인들은 이곳에 다른 서점들과 달리 베스트셀러나 할인도서로 진열해 놓지 않고 특이한 방식을 시도했다. 이들은 작가들, 출판인, 어린이를 포함한 온갖 지인에게 편지를 보내어 의견을 물어본 뒤, 이들이 개인적으로 추천해 준 책들로 구성한 것이다.

다시 말해서, 이 공간에서 만나는 소설이든 비소설이든, 난해한 철학서든 아기자기한 요리책 들은 누군가가 읽고 좋았던 기억이 담겨 있다. 그래서인지 서가의 책을 꺼내 들 때마다 그 책을 읽고 좋아했을 사람을 떠올리게 된다. 도대체 누구였을까? 어떤 이유로 이 책을 좋아하게 된 걸까? 이런저런 생각을 하다 보면, 서점에서 보내는 시간은 쇼핑이 아니라 전자파로 촘촘한 세상으로부터의 일탈이 되기도 한다. 그런 맥락에서 어쩌면 미래에는 헌책방이나 서점이 오히려 三급 취향을 가진 사람들의 아지트가 될지도 모를 일이다. 마지막 남은 종이의 후예들이 만나 무거운 책들을 몇 권씩이나 싸들고 다녔던 시절을 추억하는 장소가 되지 않을까 하는 상상도 해 본다.

글 쓰는 작가들의
훌륭한 아지트

문학의 집

Literaturhaus

Fasanenstraβe 23, 10719 Berlin, Germany
+49 30 887286 ext. 0

고풍스러운 저택에 천정이 높은 거실, 은은한 샹들리에와 커다란 초상화가
걸린 곳. 햇살 좋은 정원에 앉아 한가로이 차를 마시며 이야기를 나누는 사람들.
테이블에는 누군가가 항상 책을 읽거나 글을 쓰고 있는 곳.

고풍스러운 저택에 천정이 높은 거실, 은은한 샹들리에와 커다란 초상화가 걸린 그곳에서 창밖을 바라보면 햇살 좋은 정원에 앉아 한가로이 차를 마시며 담소를 나누는 사람들의 목소리가 바람 따라 아른아른 들려온다. 테이블로 눈을 돌리던 누군가가 항상 책을 읽거나 글을 쓰고 있으며, 계단으로 이어지는 지하에는 새로운 읽을거리를 고를 수 있는 서점도 있으니, 이곳은 제법 '문학의 집(Literaturhaus)'이라는 이름이 어울린다.

하지만 이 공간에서 자연스럽게 문학이라는 단어를 떠올릴 수 있는 이유는 그 모습 때문만은 아니다. 어딘지 모르게 다른 기운이 느껴지는 건 어쩌면 오랜 시간에 거쳐 숙성된 기억들 때문인 것 같다. 1889년, 예술에 관심이 많았던 한 개인의 저택으로 지어져 그 방면 손님들이 자주 드나들던 평화로운 공간이었다.

하지만 세계전쟁이 터지고 나자 많은 것이 달라졌다. 그 뒤로 이 집은 군용 병원으로, 또 급식소로, 그리고 한때는 기숙사로 사용되기도 했으며, 카페가 되거나 디스코텍이 된 적도 있다. 여러모로 다양한 이력을 가진 이 장소가 지금의 넓은 정원과 아늑한 레스토랑 카페를 겸한 '문학의 집'으로 자리 잡게 된 것은 1986년부터였다. 그 오랜 시간만큼이나 이곳에 쌓여 왔을 수많은 이의 감정들을 나는 다 가늠해 볼 수 있을까. 전쟁 중에 고통스럽게 죽어 가던 사람들과 열정을 불태우는 젊은이들, 커피를 사이에 두고 오갔을 대화들, 잠 못 이루는 밤 창밖을 내다보는 사람의 눈빛. 그런 장면을 하나씩 떠올리다 보면, 어느새 문학의 집이라는 이름이 전혀 낯설지 않게 다가온다.

지금은 전쟁의 암울함이나 장벽의 차이를 느끼기 어려운 만큼 베를린은 언제나 재건축으로 분주하다. 명망 있는 건축가들은 너도 나도 이곳에 실험적인 건물을 올렸으며, 시 차원에서도 사람들을 유치하기 위해 주거환경을 개선해 왔다. 그 때문에 베를린 내에는 완전히 사라지거나 새롭게 재건된 장소들이 많은데, 이 저택 또한 예외는 아닌지라 한때 도시 계획지구에 포함되어 허물어질 위기에 있었다.

하지만 이곳이 지금까지 남아 있을 수 있었던 이유는 베를린 시민들의 요청 때문이었다고 한다. 그 덕분에 이곳은 여전히 독일어 작가들에게는 심포지엄이나 회의 장소로 쓰이거나, 사무엘 베케트, 한나 아렌트Hannah Arendt, 헤르타 뮐러Herta Müller 등 유명 작가들의 작품이 전시되고 토론이 이뤄지기도 한다. 특히, 베를린 장벽이 무너지고 통일된 동서 독일이 두 지역 간의 문화 차이를 좁히는 데에도 이 장소가 한몫을 했다고 한다. 그렇게 토의된 내용들은 '텍스트'라는 이름의 간행물로 출간되었다.

계단을 내려가면 나오는 서점, 콜하스 앤드 컴퍼니Kohlhass & Company에는 주로 미학, 문학, 역사, 사회 관련 책들이 비치되어 있다. 최근에는 동양 문학에 대한 관심도 부쩍 늘어난 탓에 고은 시인의 번역본도 눈에 띈다. 이쯤 되면, 여러모로 문학 애호가들에게는 시간을 보내기에 이상적인 집이 아닐까.

과거 막스 부르흐가 이곳에서 앉아 작곡을 했다고도 하니, 그의 바이올린 협주곡 1번을 들으면서 커피를 곁들인 책을 읽는 시간은, 문학적이라는 말이 어울릴 것 같다.

펭귄 문고와
레클람 문고

두스만

Dussmann das KulturKaufhaus

Dussmann das KulturKaufhaus GmbHFriedrichstra β e 9010117 Berlin, Germany
+49 (0)30 2025 1111

문고판은 단지 휴대가 간편하고 값이 저렴하다는 장점만 가진것이 아니다.
그보다 더 큰 장점은 바로 고급 지식의 효과적인 보급이었다. 그것은
언제나 책 살 돈이 모자라는 가난한 학생들을 비롯해 전장에 있는 군인들에게도 마찬가지였다.

내가 처음으로 레클람 문고를 발견하게 된 것은 서울의 어느 헌책방에서였다. 어느 대학교 스탬프가 찍혀 있는 책이었는데, 물에 젖은 적도 있는지 책장들이 제멋대로 말려 있었고, 곰팡이도 슬어 있었다. 헌책방 주인 아저씨도 그 책을 팔아야 할지 말아야 할지 판단이 서지 않았는지 가격도 매기지 않고 한쪽에 치워 놓았다. 하지만 나는 그 책을 한 손에 들고 바라보면서 감탄할 수밖에 없었다. 이 아담한 크키, 이 군더더기 없는 간소함, 도무지 1940년대에 만들었다고 믿을 수 없을 만큼이나 세련된 디자인이었다.

책은 아주 오랜 시간 동안 거북 등껍질, 죽간竹簡, 양피지, 파피루스 등을 거쳐 지금의 도습을 갖추게 되었다. 하지만 이보다 더 간소해진 책의 모습은 상상할 수가 없다. 현재 우리가 알고 있는 책은 이미 진화를 끝낸 것이 아닐까. 특히나 레클람 문고의 책 형식이야말로 완벽한 책의 전형에 도달한 듯 보였다. 모든 거품과 치장을 벗어 버린, 가장 단순하고 겸손한 모습의 이 문고판은 헌책방에서 발견한 순간부터 내 관심의 대상이었다.

한때 책은 묵직하고 호화로운 외관을 하고 특권 계층만이 소유할 수 있는 사치품이기도 했다. 당시에는 책을 들고 산책을 나가거나 침대맡에 쌓아 두고 읽다가 잠드는 일은 꿈도 꾸지 못했을 것이다. 그런 점에서 문고판의 출현은 책 읽기에도 혁명을 가져왔다고 할 수 있다. 우리가 아는 정식 문고판이 나오기 전 1841년에 이미 독일에서는 값싸고 간편한 페이퍼백paperback 시리즈 출간을 시도한 적이 있다. (이를 시도한 사람은 라이프치히의 크리스티안 베른하르트 타우흐니치였다.) 다만 당시 활자가 지나치게 작아서 관심을 끌지 못했지만 말이다.

그 뒤 17년이 지나고 나서 라이프치히의 레클람 출판사가 셰익스피어 작품을 12권으로 나눠서 출판한 것이 큰 성공을 거두었다. 이를 계기로 1867년에는 '유니버설 비블리오테크'라는 이름으로 훌륭한 도서들을 파격적인 가격으로 선보였다. 죽은 지 30년이 넘은 작가들의 작품은 사회의 공유 재산으로 환원되는 것에 힘입어, 레클람은 괴테의 「파우스트」를 위시해서 고골리, 푸슈킨, 뵈른손, 입센, 플라톤, 칸트 등의 저서를 출간할 수 있었다.

문고판은 단지 휴대가 간편하고 값이 싸다는 장점만 가진 것이 아니다. 그보다 더 큰 장점은 바로 고급 지식의 효과적인 보급이었다. 문고판의 그런 미덕은 언제나 책을 살 돈이 모자라는 가난한 학생들이나 전장에 있는 군인들에게는 더없이 요긴했다. 이를테면, 하이데거는 열아홉 살에 레클람에서 문고판으로 출간한 횔덜린을 처음 접하였다. 그런가 하면, 토마스 만이 "레클람 문고의 영향을 받지 않은 독일인이 있다면 나와 보라"고 말했을 정도로,

문고판의 보급으로 고급 지식이 장벽을 허물고 퍼져 나가, 예술과 지식의 발전에 든든한 토대가 되어 왔다.

서울의 한 헌책방에서 두근거리는 마음으로 처음 펼쳐 보았던 이 책은, 그렇게 백오십 년 전부터 지금까지 독일 곳곳에서 시민들의 지적인 갈증을 채워 주었다. 오늘날도 독일을 여행하다 보면 어딜 가든지 눈에 띄는 것이 이 레클람 문고이다. 처음으로 레클람 문고가 마치 무지개처럼 환하고도 드넓게 펼쳐져 있는 장면을 발견하던 순간을 나는 결코 잊을 수가 없다.

어느 날 한밤중에 베를린 시내를 걷던 중이었다. 밤 12시가 다 되어 가는 늦은 시간인데도 불을 환히 밝혀 놓은 두스만 서점(Dussmann das KulturKaufhaus)이 눈에 들어왔다. 이 5층짜리 거대한 건물 안은 오로지 책과 음반들로 가득했다. '한 지붕 아래 모든 매체들(All the media under one roof)'이라는 그 서점의 슬로건이 딱 제격이었다. 그 서점에서 레클람 문고가 서점 한쪽을 가득 채우고 있는 것을 발견했을 때의 기쁨이란! 한때 나치가 유대인 작가들의 책을 금지한 적도 있었고, 세계대전 중에는 라이프치히에 있는 본사가 폭격을 당하는 바람에 450톤의 책들이 잿더미가 되고 만 일도 있었지만, 그런 와중에도 이 작은 책은 사라지지 않았다. 사라지기는커녕 더욱 확장해 나가며 1만여 종에 이르는 시리즈를 발행했다. 커피 한 잔 값이면 누구나 이 호사를 누릴 수 있다니 독일인들이 부러울 따름이다.

독일에 레클람이 있다면, 영국에는 펭귄 문고가 있다. 우리나라 사람들에게도 익숙한 펭귄 로고는 영국뿐만이 아니라 어느 나라 어느 서점을 가든지 어렵지 않게 발견할 수 있다. 1935년에 설립된 이 문고의 탄생 배경에는 재미있는 이야기가 있다.

영국에서 문고판의 본격적인 시작은 철도망의 확장과 맞물려 일어났다. 19세기에 내륙 여기저기를 잇는 철도들이 뻗어 나감에 따라 부르주아들 사이에서 장기 기차 여행이 새로운 여가 생활로 떠오르게 되었다. 그러면서 그 긴 기차 안에서의 시간을 때우기 위해 사람들은 읽을거리를 찾게 되었고, 그런 여행객들을 위해 '철길 책'이라는 새로운 출판의 장이 열렸다. 1848년 런던 유스턴 역에 유럽 최초의 철도역 매점이 개설되었고, 8절판 크기의

레클람 문고는 1867년 첫 책 이후로 지금까지 모두 1만여 종을 출간했다. 오늘날에는 세분화된 주제로 범위를 확장하면서, 번역 여부와 장르에 따라 색깔을 구분한다. 노란색은 독일어, 빨간색은 이중언어, 파란색은 학습서, 초록색은 역사, 자주색은 논픽션이다. (왼쪽)

펭귄 문고판의 성공을 도운 또 다른 공신은 디자인이다. 당시 스물한 살 신입사원이었던 에드워드 영은 펭귄 마크를 그리기 위해 런던 동물원에 다녀오면서 이렇게 말했다. "세상에! 펭귄에게서 그런 악취가 날 줄이야!" (오른쪽)

값싼 문고 시리즈가 신문, 잡지와 함께 판매되었다. 하지만 가격을 낮추는 데에 급급하다 보니, 책의 수준이 내용에서나 만듦새에서나 심각할 만큼 뒤떨어졌다. 그 점을 눈여겨 본 출판업자가 있었으니, 바로 앨런 데인이었다.

그가 애거서 크리스티 부부와 함께 데번에서 주말을 보내고 런던으로 돌아가는 기차역에서 읽을거리를 찾던 중, 선택권이 대중 잡지나 싸구려 책밖에 없음을 보게 되었다. 그래서 그는 런던에 도착하자마자 내용과 품질을 최대한 끌어올린 문고판을 만들 계획을 세웠다. 하지만 출판사 입장에서 그 계획이 성공하려면 한 종의 책이 적어도 17,000부가 팔려야 수지를 맞출 수 있었다. 그러나 서점에서 그만큼의 책을 팔기란 불가능한 시절이었다. 그나마 적자를 보지 않으려면 카페나 문구점, 심지어는 담뱃가게나 잡화점 양말 사이에서라도 팔아야 할 지경이었다.

앨런 데인은 실제로 생필품 가게인 울워스를 찾아가 설득하기 시작했다. 하지만 무역상 자인 프레스콧은 앨런 데인의 제안을 도무지 이해할 수가 없었다. 당시로서는 생필품 가게에서 책을 판다는 발상이 너무 엉뚱했던 것이다. 프레스콧이 반신반의하고 있는데, 마침 가게에 들른 그의 아내가 이야기를 듣더니 단번에 호기심을 보였다. "이곳에서 책을 판다고요? 그거 정말 멋진 생각인데요?" 뜻밖의 아내의 환호로 프레스콧은 얼떨결에 이 제안을 받아들였다. 그때만 해도 그는 상상도 하지 못했다 얼마 지나지 않아 영국은 물론 온 세계가 펭귄 로고가 찍힌 책을 읽게 될 것이라는 사실을 말이다.

당시 출판사들은 하드커버로 고급스럽게 제작한 책을 부유한 교양인들에게 판매하는 데에만 주력했다. 대부분 출판사들이 일반 시민의 지적인 수준을 믿지 못했던 것이 값싼 문고판을 만들지 않았던 이유이기도 했다. 셰익스피어의 「햄릿」을 담배 열 개비 가격으로 내놓는다 해도 사람들이 책을 사리라는 보장은 없었다. 하지만 결국, 이 우려는 불필요한 것으로 밝혀졌다. 권위적인 모습으로 서재 한구석을 지키고 있던 고전 작품들이 작고 가벼운 문고판으로 갈아입자, 곧 날개 돋친 듯 팔려 나가기 시작한 것이다.

가벼운 영혼이 멀리 간다는 말처럼, 이 문고판들은 곧 세계 각국으로 멀리멀리 퍼져 나갔다. 이제는 튀니스에서 아르헨티나의 티커만까지, 쿡 제도에서 레이캬비크까지 펭귄 로고는 거의 모든 곳에서 찾아볼 수 있게 되었고, 덕분에 세계의 독자들은 어느 곳이든 같은 책을 읽는 사람들이 있음을 인식할 수 있게 되었다.

"타인의 자아에 부단히 귀를 기울이지 않으면 안 된다는 것, 그것이야말로 실로 독서라는 것이다." — 니체

책은 언제나 그 자리에 있다.